© 2023 Karlfried Kannenberg
Titelbild: Altarraum der Auferstehungskirche
Oststeinbek © Karlfried Kannenberg
Alle Rechte vorbehalten
Herstellung und Verlag:
BoD - Books on Demand, Norderstedt
Printed in Germany
ISBN: 9 783758 314377

Karlfried Kannenberg

Gottes Wort
ist wie
Licht in der Nacht

Predigten

Gewidmet meiner lieben Frau Ulricke,
ohne deren ungeteilte Unterstützung
ich meinen Beruf als Pastor
nicht in dieser Weise hätte
ausfüllen können

INHALTSVERZEICHNIS

Datum	Bibeltext / Sonntag / Thema	Seite
	Vorwort	8
A	**ERZÄHLENDE PREDIGTEN**	
22.1.1989	Matthäus 9,9-13	9
	Septuagesimae	
	Die Berufung des Levi,	
17.4.2003	Johannes 13,1-17	14
	Agape am Gründonnerstag	
	Verleugnung des Petrus	
27.3.2005	Matthäus 28,1-10	20
	Ostern	
B	**BIBLISCHE PREDIGTEN**	
21.1.1984	Apostelgeschichte 10,21-35	24
	3. Sonntag nach Epiphanias	
	Der Hauptmann Kornelius	
03.11.1985	Matthäus 18,21-31	30
	22. So. nach Trinitatis	
	Der Schalksknecht	
29.11.1987	Offenbarung 5,1-14	35
	1. Advent	
	Das Buch mit den sieben Siegeln	
23.3.1997	Johannes 12,9-19	42
	Palmarum	
	Einzug in Jerusalem	
24.8.1997	Lukas 10,25-37	49
	13. Sonntag nach Trinitatis	
	Der barmherzige Samariter	
13.6.1999	Matthäus 22,1-14	55
	2. Sonntag nach Trinitatis	
	Das große Gastmahl	

03.2.2002	Apostelgeschichte 16,6-15 Sonntag Sexagesimae Die Purpurhändlerin Lydia	62
03.3.2002	1. Könige 19,1-13 3. Sonntag der Passion Elia unter dem Wachholder	68
13.7.2003	Lukas 6,36-42 4. Sonntag nach Trinitatis Splitter und Balken im Auge	75
06.8.2005	Matthäus 21,28-32 11. Sonntag nach Trinitatis Die ungleichen Söhnen	81
C	**PREDIGTEN ZU CHRISTUSFESTEN**	
24.12.2006	Lukas 2,1-20 Heiligabend Die Weihnachtsgeschichte	87
23.3.2008	Lukas 24,13-35 Ostern Die Jünger von Emmaus	94
D	**PREDIGT MIT SYMBOLMEDITATION**	
23.2.1997	Markus 12,1-12 2. Sonntag der Passion Der verworfene wird zum Eckstein	100
E	**THEMENPREDIGTEN**	
26.3.1995	Johannes 18,33-38 4. Sonntag der Passion Was ist Wahrheit	106
02.2.2003	Markus 4,35-41 4. Sonntag nach Epiphanias Sturmstillung / Golfkrieg	111
30.8.2003	11. So. nach Trinitatis Der Froschkönig	118
22.5.2011	Patientengottesdienst	124

F	**BUNDESSCHLUSS- & EINE-WELT-GOTTESDIENSTE** (Siehe Anm. 12 & 13)	
23.4.1989	Klagelieder 5 - Mental Slavery Bundesdelegiertentagung der Aktion Bundesschluss	130
12.2.2006	1. Korinther 12,12-27 Eine-Welt-Gottesdienst zum Thema "HIV/AIDS"	136
10.2.2008	Matthäus 4,1-11 Eine-Welt-Gottesdienst zum Thema "Gentechnik"	144
15.11.2009	Nehemia 3,38 und Jesaja 61,1-11 Bundesschlussgottesdienst	151
07.2.2010	Hebräer 4,12-13 Eine-Welt-Gottesdienst zum Thema "Learning to be white"	157
14.11.2010	Matthäus 5,13-16 Bundesschlussgottesdienst Salz der Erde / Licht der Welt	165
G	**IKONENBETRACHTUNGEN**	
23.12.2018	Lukas 1,39-56 4. Advent mit Ikonenbetrachtung zur Hodegetria	171
18.12.2022	Lukas 1,26-38 4. Advent - Verkündigung Mariä mit Bildbetrachtung zu Meister Bertram	176
H	**ABSCHIED UND NEUANFANG**	
28.10.2012	1. Korinther 15,12-20 / Johannes 11,1-27 Predigt zur Verabschiedung aus Oststeinbek	183
9.12.2012	Jesaja 35,3-10 2. Advent - Zur Einführung als Altenheimseelsorger in Harburg-Süd	193

VORWORT

Es stand nicht mehr auf der Vorhabenliste für mein Leben, ein Buch zu schreiben. Aber die zwölf Aktenordner mit ausgearbeiteten Predigten, die sich im Laufe der Jahre angesammelt haben, betrachte ich in gewisser Weise als Teil meines Lebenswerkes - vor allem diejenigen aus den 25 Jahren von 1988 - 2012 in Oststeinbek. Daraus wollte ich gerne eine Quintessenz meines theologischen Denkens zusammenstellen. Dabei ist diese Sammlung entstanden. Als Literatur zur Vorbereitung habe ich hauptsächlich die Göttinger Predigtmeditationen[1] und die Predigtstudien aus dem Kreuzverlag[2] benutzt. Hier und da habe ich zuweilen einen ganzen Absatz daraus übernommen. Da ich in meinen Predigtmanuskripten selten Vermerke zu solchen Quellen gemacht habe, ist es mir jetzt gar nicht mehr möglich, solche übernommenen Passagen als Zitate zu kennzeichnen und die Quellen anzugeben. Aber diese Sammlung ist ja weder eine Veröffentlichung in dem Sinne noch eine wissenschaftliche Arbeit sondern dokumentiert Predigten, so wie ich sie mir erarbeitet und am angegebenen Sonntag gehalten habe. Die drei Predigten von 1984 - 1987 habe ich in meiner ersten Gemeinde in Hohenlockstedt gehalten. Es war mir stets bewusst und hat mir auch viel bedeutet, dass meine Wirkungsstätten die letzten beiden Kirchen des (geist-)begabten Kirchbaumeisters Olaf Andreas Gulbransson waren, die posthum vollendet wurden (Die Dreifaltigkeitskirche in Hohenlockstedt 1965 und die Auferstehungskirche in Oststeinbek 1966). Diese "Predigten aus Stein" mit Leben zu füllen, war mir eine besondere Bestimmung.

Dezember 2023

Karlfried Kannenberg

A. ERZÄHLENDE PREDIGTEN

Predigt zu Matth. 9, 9 – 13 Septuagesimae 22.1.1989
(Die Berufung des Levi) [3]

Kapernaum ist ein kleines Städtchen oben in Galiläa am See Genezareth. Schon früh haben wir hier von einem neuen Propheten gehört. Jesus ist sein Name. Er soll auch hier im galiläischen Bergland aufgewachsen sein. Ich glaube in Nazareth. Das erste Mal hörte ich von ihm, als es bei uns in Kapernaum in der Fischerkolonie große Unruhe gab. Simon und Andreas hatten einfach die Fischerei aufgegeben, um sich der Jesus-Bewegung anzuschließen. Besonders hart traf es dann den alten Zebedäus, als seine kräftigen Söhne, Johannes und Jakobus ihn verließen, um sich dem neuen Propheten anzuschließen. Nun musste Zebedäus in seinem Älter wieder alleine aufs Meer rausfahren und seinen Fang mit den angeheuerten Tagelöhnern teilen, wo er sich doch bald zur Ruhe setzen wollte. Ich hab das damals nicht verstanden. Denn von der Fischerei konnte man doch leben. Gewiss, man konnte dabei nicht reich werden, aber man hatte doch immerhin sein Auskommen, um das einen viele beneideten. Bei den kleinen Bauern war das Leben viel härter. Davon kann ich ein Lied singen. Denn früher gehörte ich selbst dazu. Die römischen Steuereinnehmer forderten hart und rücksichtslos ihren Tribut. Uns blieb oft wenig genug zum Essen. Und dann kamen zwei trockene Sommer hintereinander, in denen die Ernte knapp ausfiel. Schon im ersten Jahr mussten wir schließlich das Saatgut essen, als unsere sonstigen Vorräte aufgebraucht waren. Für die neue Aussaat mussten wir uns dann beim Händler neues Saatgut leihen, als es am teuersten war. Als dann auch die zweite Ernte der Dürre zum Opfer fiel, bedeutete es für mich den Garaus. Ich habe noch selbst mit meinen beiden Jungs ihre Taschen gepackt, damit sie in die Berge fliehen konnten. Dort haben sie sich den Zeloten angeschlossen, einer bewaffneten Brigade im Untergrund, um die Römer zu vertreiben, die uns so viel Elend gebracht hatten. Wären sie nicht geflohen, so wären sie mit uns in die Sklaverei verkauft worden.

Ja, - das war ein bitterer Abschied damals. Mein ganzes bisheriges Leben brach zusammen. Wir verloren Haus und Hof und mussten auch die Dorfgemeinschaft verlassen. Wen wundert es, dass meine Frau zwei Jahre später starb vor lauter Gram.

Als nach sieben Jahren meine Schuld getilgt war, und ich entlassen wurde, ging ich mittellos nach Kapernaum. Ich wurde angesehen wie ein Stück Dreck. Den Verlust an sozialer Geltung kann wohl nur der nachempfinden, der selbst Ähnliches erlebt hat. Das tat weh genug. Schlimmer noch war aber die Angst. Ich war unversorgt. Wovon sollte ich leben?

Während ich so ohne Ziel und Hoffnung durch Kapernaum schlenderte - meine Selbstachtung verbot es mir noch, mich einfach an den Straßenrand zu setzen und zu betteln - da traf ich Timäus. Er war Zollpächter am Südtor und sah sehr verhärmt aus. Die Pöbeleien der Händler machten ihn fix und fertig, sagte er mir. Er könne kaum die Jahrespacht für die Römer zusammenkratzen und jeden Tag dieser psychische Druck am Tor. Er könne es nicht länger aushalten. Am liebsten würde er einen Gehilfen einstellen. Plötzlich schoss mir ein Gedanke durch den Kopf, dass es mir die Sprache verschlug. Als sich meine Versteinerung löste, muss ich wohl ziemlich gestammelt haben. Ich fragte ihn, ob *ich* denn nicht als Gehilfe in Frage käme. Ich merkte, wie meine Frage auch ihn traf. Er sagte eine ganze Weile lang gar nichts, bis seine Miene sich erhellte. Er hielt mir seine Hand entgegen und ich schlug ein. So kam es, dass ich Zolleinnehmer wurde. Zunächst war ich nur sein Gehilfe. Nach einigen Jahren konnte ich sogar seine Pacht übernehmen.

Das Leben an der Zollstätte war hart. Es trieb mich tiefer in die Isolierung. Die Händler hassten mich von Berufs wegen. Die vornehmen und gebildeten Leute ließen mich ihre Verachtung spüren, denn ich kam ja aus bescheidenen Verhältnissen. Bei den Patrioten war ich als Römerfreund verschrien. Wenn sie nur wüssten, dass meine Jungs bei den Zeloten waren, und wie sehr sie mir Unrecht taten! Die Armen beneideten mich um mein Einkommen und zu den Zöllnern an den anderen Stadttoren herrschte eine scharfe Konkurrenz. Nein, Freunde hatte ich keine. Aber die hatte ich schon vorher verloren. Ich war dennoch froh. Denn mit dieser neuen Existenz war mein Leben gerettet.

Jesus ging öfter in Kapernaum ein und aus. Die Schwiegermutter des Petrus wohnte noch hier, auch der alte Zebedäus. Selbst beim Hauptmann war er einmal eingekehrt. Eines Tages blieb Jesus vor meinem Zollhaus stehen, sprach mich an und sagte: Matthäus, folge mir nach. Ich war wie vom Donner gerührt. Seit Ewigkeiten hatte sich keiner mehr persönlich für mich interessiert. Allen war ich durch meinen Beruf zum Gegner oder Feind geworden. Gradlinig schaute er mich mit seinen dunklen, braunen Augen an. Er strahlte eine tiefe Wärme aus und weckte in mir Vertrauen. Ich fand ihn sehr kraftvoll und auch mutig. Denn ausgerechnet meine Gefolgschaft wurde das Prestige und das Ansehen seiner neuen Bewegung nicht gerade heben. Doch dann packte mich die Angst. Es war die gleiche Angst wie damals, als wir unseren Hof verloren. Die Angst um meine Existenz. Wie mühsam hatte ich mir hier nicht wieder einen Platz aufgebaut, an dem ich mein Auskommen hatte. Wie viele Verunsicherungen hatte ich besonders in der Anfangszeit durchlitten. Wie viele Beschimpfungen hatte ich nicht ertragen müssen. Aus wie vielen Fehlern hatte ich nicht lernen müssen, bis ich endlich genügend Fingerspitzengefühl bei gleichzeitiger Härte entwickelt hatte, um zu wissen, wie viel Zoll ich bei den verschiedensten Passanten eintreiben konnte. Nur langsam hatte ich Routine entwickelt in diesem schwierigen Geschäft. Und nun hatte ich meine Sicherheit innerlich und äußerlich. Sollte ich das alles wieder aufgeben??? Sollte ich noch einmal ganz von vorne anfangen?

Doch andererseits machten mich diese ständigen Geldgeschäfte kaputt. Es war ein täglicher Krieg. Ständig zähe Verhandlungen, Auseinandersetzungen mit harten Bandagen, unflätige Worte, verletzende Beleidigungen.. Nie durfte ich auch nur einen Hauch von Schwäche erkennen lassen. Und doch musste ich meinen Zorn zügeln, damit sich die Konflikte nicht allzu sehr steigerten. Denn ich hatte niemanden, der mir zur Seite stand. Und dann immer noch der Druck seitens der Römer, deren Forderungen auch ständig stiegen. Nein, auch wenn ich es wieder zu einem kleinen Vermögen gebracht hatte, unter der Macht des Geldes gab es kein wirkliches Leben. Auch wenn ich gelernt hatte, wie eine Maschine zu funktionieren, fühlte ich mich doch wie lebendig begraben.

Ich muss blind gewesen sein. *Ja,* es war blindes Vertrauen, aus dem heraus ich dann den Schritt tat. Ich kämpfte meine Angst und meine Bedenken nieder. Dieser Jesus hatte mich irgendwie überwältigt. In mir wuchs die Überzeugung, dass die ganze Welt und mein ganzes Leben grundverkehrt waren. Es kann doch nicht Ziel des Lebens sein, dass einer den anderen ausquetscht und unterdrückt, und die Schwächsten dabei auf der Strecke bleiben. Es kann doch nicht Gottes Wille sein, dass jeder Mensch dem anderen zum Feind wird. Ich sehnte mich nach einem neuen Leben in Gemeinschaft, Frieden und Gerechtigkeit. Ich stand auf und folgte ihm nach.

Ich erwartete nun, dass Jesus uns bald belehren würde mit seinem Programm, wie man die Menschen und die Welt verbessern könnte. Ich wollte mir seine Ziele zu eigen machen. Doch Jesus sammelte zunächst noch weitere schäbige und anstößige Gestalten. Verzeihung ! Das klingt so abwertend und herablassend. Und ich gehöre ja schließlich auch dazu. Doch wenn ich ehrlich bin: ich hatte es durchaus auch so gemeint. Aber es war wie ein Wunder, wie diese verachteten und ehrlosen Menschen ihre Würde und ihr Selbstvertrauen wiedergewannen, wenn Jesus sie als Würdige ansprach.

Am Abend gab es keine programmatische Belehrung. Keine großen Reden. Jesus wollte mit uns ein Fest feiern. Ich bot ein letztes Mal mein Haus an. Ich ließ es mir nicht nehmen, ein großes Festessen herzurichten. Wie lange hatte ich das nicht entbehren müssen? Ich schaute mich im Kerzenschein in der Runde meiner Gäste um. Mit vielen hatte ich schon meine Auseinandersetzungen gehabt. Hier saß ich nun mit meinen Neidern und Konkurrenten an einem Tisch. Während Jesus das Brot brach und es herumreichte, ging mir auf: Mensch! Das Neue Leben hatte schon begonnen. Gestern noch wäre diese Gesellschaft völlig undenkbar gewesen. In mir wuchs die Überzeugung: ein Leben in Gemeinschaft, in Frieden und Gerechtigkeit ist möglich. Wir müssen es nur tun. Der Anfang ist schon da.

Erzählpredigt: Johannes 13,1–17 zur Agape 17.4 2003
(Verleugnung des Petrus)

Ich erinnere mich noch sehr genau an den Abend damals. Es war der letzte gemeinsame Abend mit Jesus. Wir wollten miteinander das Passahfest feiern. Als wir uns gerade zu Tisch niedergelassen hatten, band sich Jesus die Schürze eines Dieners um und kam mit einer Wasserschüssel wieder. Er fing an, uns die Füße zu waschen wie ein Hausdiener. Ich war völlig perplex. Ich konnte diesen peinlichen Anblick kaum ertragen. Dieser Jesus, von dem ich glaubte, dass er der Gesalbte aus dem Königshaus Davids war! Er konnte so glänzende und ermutigende Reden halten. Er konnte einen richtig in seinen Bann ziehen. Er sollte uns im Kampf gegen die Römer anführen. Unsere Schlachtreihen sollte er ordnen und uns endlich von der Ausbeutung befreien und in die Freiheit führen. Ich war von ihm begeistert. Ja, ich himmelte ihn an. Und jetzt ließ er sich herab zu dieser erniedrigenden Arbeit. Das ging mir völlig gegen den Strich. Er gehörte doch ans Kopfende der Tafel und nicht zu unseren Füßen. Als er zu mir kam, weigerte ich mich: „Du willst mir die Füße waschen? Niemals!" rief ich entrüstet. „Eher umgekehrt: ich dir!" Aber Jesus blieb beharrlich. Er sagte: „Wenn ich nicht deine Füße wasche, dann gehörst du nicht zu mir." Ich fasste mich an den Kopf. Ich verstand die Welt nicht mehr. Wie wollte er sich denn auf diese Art durchsetzen? So verlor er doch den ganzen Respekt seiner Anhänger. Während ich noch kopfschüttelnd da saß, sagte Jesus: „Der Menschensohn ist nicht gekommen, dass er sich dienen lasse, sondern dass er diene und gebe sein Leben als Lösegeld für viele." Das verstehe, wer will.

Das war nicht das erste Mal, dass er mich ziemlich durcheinander gebracht hat. Schon früher einmal hatte ich ihm gegenüber die Überzeugung ausgesprochen, dass er der Messias sei, der den Thron Davids wieder aufrichten würde. Das war ein feierlicher Augenblick. Er schaute mir tief in die Augen, sprach mich mit vollem Namen an und sagte: "Simon, Sohn des Jonas, das weißt du nicht aus eigener Erkenntnis, sondern mein Vater im Himmel hat es dir eingegeben." Ich war ziemlich stolz auf mich und ich wollte ihm zeigen, dass er sich auf mich verlassen konnte. Ich hatte mir ein neues Schwert schmieden lassen, dass ich unter meinem Mantel versteckt immer bei mir trug. Das war nicht ganz ungefährlich. Denn die Römer duldeten keine Waffen bei uns aus Angst vor einem Aufstand. Damit hatten sie ja auch nicht ganz Unrecht. Ich war jedenfalls auf die große Schlacht vorbereitet und wollte an vorderster Front mitkämpfen. Doch schon damals wunderte ich mich. Kaum hatten wir uns zu ihm als Messias, als vorbestimmten König bekannt, da fing er an zu lamentieren, dass er wohl als erster sein Leben lassen würde. Ich verstand das nicht. Ob er plötzlich Angst vor der eigenen Courage bekommen hatte? Ich nahm ihn beiseite und versuchte, ihm ins Gewissen zu reden: „Was soll denn das jetzt? Erst sammelst du so eine eindrucksvolle Menge um dich und jetzt machst du alles wieder kaputt. Du als Hoffnungsträger, als göttlicher Feldherr – tot. Allein so ein Gerede demoralisiert doch die ganze Truppe." Wisst Ihr, was er mir damals geantwortet hat? Ich spüre den Schmerz in meiner Brust noch heute wie einen Stich ins Herz. „Weiche von mir Satan! Denn du meinst nicht, was göttlich ist, sondern was menschlich ist." **Satan** sagte er! ... zu mir. Ich wusste gar nicht, was ich nun schon wieder Falsches gesagt hatte.

Am letzten Abend ging es mir nicht viel besser. Jesus hatte wieder einmal Zweifel an unserer Gefolgschaft und unserm Durchhaltevermögen geäußert. Da beteuerte ich ihm meine absolute Loyalität und meine Entschlossenheit zu kämpfen. Ja, ich war bereit, mein Leben zu riskieren und für ihn zu sterben. Wisst Ihr, wie er darauf reagierte? Er sagte mir direkt ins Gesicht, dass ich ihm die Treue versagen würde. Auch ich würde desertieren, und abstreiten, ihn überhaupt zu kennen. Ha! Das sollte mir nicht passieren. Seit dem Augenblick war meine rechte Hand jederzeit bereit, zum Schwert zu greifen. Ich wollte an seiner Seite kämpfen bis zum Tod.

In der Nacht, als die Soldaten der Tempelwache uns in Gethsemane abfingen, da war ich gleich zur Stelle. Ich hatte zwar ein ziemlich mulmiges Gefühl, als wir das Waffengeklirr aus der Ferne hörten. Als ich die gewaltige Überzahl der anderen sah, kriegte ich es richtig mit der Angst zu tun. Aber Jesus würde ja, sobald es losging, die himmlischen Heerscharen zum Einsatz bringen. Also biss ich die Zähne zusammen. Nein, ein Verräter, ein Deserteur war ich nicht. Gleich bei der ersten Feindberührung, noch bevor der Einsatzbefehl gegeben wurde, machte ich den ersten Gegner nieder. In der Aufregung traf ich nicht gleich richtig, sondern schlug ihm nur ein Ohr ab. Aber Jesus blies den Kampf sofort ab und sagte zu mir: „Stecke dein Schwert weg; denn wer zum Schwert greift, der wird durch das Schwert umkommen." Das begreife einer! Wieder stand ich Kopf schüttelnd daneben. Jetzt war die Stunde der Bewährung da – und Jesus ließ sich einfach so – kampflos und gewaltfrei – abführen.

Plötzlich stand ich ganz alleine da. Die anderen Jünger waren offensichtlich alle weggelaufen. Jedenfalls war keiner mehr zu sehen. Verwirrt, unschlüssig und zögernd ging ich dem Waffengeklirr nach, das sich die dunkle Pflasterstraße hinab auf den Gerichtshof zu bewegte. Ich wollte zu diesem Jesus von Nazareth stehen. Ich wollte ihn verteidigen. Doch wie sollte ich das anstellen. Was konnte ich vor dem Hohen Rat schon ausrichten. Paragraphenchinesisch ist nicht mein Metier. Ich bin Fischer.

Im Vorhof zum Gerichtsgebäude war es feucht und kalt. Zum Glück war es etwas windgeschützt. Das flackernde Licht eines kleinen Feuers zog mich an. Menschen standen darum und wärmten sich. Ich stellte mich in die zweite Reihe dazu. Es waren Hofknechte und Mägde, Gerichtsdiener und ein paar Wachen. Ich merkte sehr schnell, aus welcher Richtung der Wind ideologisch her wehte. Eine einzige Hetze gegen unsere Befreiungsbewegung. Mörderbande wurden wir beschimpft. Jesus gehöre als Terroristenführer ans Kreuz. Ich kriegte vor Beklemmung kaum noch Luft. Es war kaum auszuhalten. Nur nicht auffallen, sonst ist es aus, dachte ich bei mir. Und dann kam da diese Frau – diese dumme Ziege. Ich möchte mal wissen, woher sie mich kannte. Sie rief mir einfach vor versammelter Mannschaft ins Gesicht: „Du bist doch auch einer von diesen galiläischen Terroristen. Man erkennt dich doch schon von weitem an deinem Dialekt." Plötzlich stand ich im Mittelpunkt des Geschehens. Alle drehten sich zu mir um und ich fühlte, wie ihre stechenden Blicke mich durchbohrten.

Auf einmal konnte ich meiner Gefühle nicht mehr Herr werden. Ich wurde übermannt von Panik. Das ganze Gerede von Heldenmut und Tapferkeit half nicht mehr. Es war, als wäre ich plötzlich überflutet von Angst, die ich vorher nie spüren durfte... als wäre ein Schutzdeich gebrochen. Die ganzen Parolen meiner

Männlichkeitserziehung versagten: „Ein Junge weint doch nicht. Ein Galiläer kennt keinen Schmerz. Beiß die Zähne zusammen. Kopf hoch, Junge." Es funktionierte einfach nicht mehr. Es war als hätte ich gar keine Zähne mehr zum Zusammenbeißen... als hätte ich gar keinen Kopf mehr zum Hochhalten. Kopflos stürzte ich davon und rannte und rannte und rannte. Und doch konnte ich meiner eigenen Angst nicht davonlaufen. Ich war am Ende der Tapferkeit angelangt. Ich hatte versagt. Ich hatte es nicht geschafft, bei Jesus auszuhalten. Im Laufen hörte ich noch den Hahn krähen. Aber das war jetzt auch egal.

Ich fand bei Freunden von Simon Zelotes Unterschlupf. Ich warf mich auf mein Nachtlager und heulte. Ich heulte wohl drei Tage und drei Nächte lang. Es strömten die Tränen aus mir heraus, die dreißig Jahre lang nicht strömen durften. Ich fühlte den Schmerz, den ich dreißig Jahre lang nicht fühlen durfte. Ich erlebte meine eigene Schwachheit, die ich dreißig Jahre lang nicht wahr haben wollte.

Und dann veränderte sich etwas. Auf dem tiefsten Punkt der Verlassenheit spürte ich eine geheimnisvolle Nähe. Der Christus, dem ich davon gelaufen war, war mir nachgeeilt. Der Christus, dem ich die Treue nicht halten konnte, war mir treu geblieben. ER WAR DA – und richtete mich auf. Am tiefsten Punkt meiner Schwachheit spürte ich seine Kraft in mir wachsen. Langsam begann ich das Geheimnis von Schwachheit und Niedrigkeit zu begreifen. Ich fing an zu begreifen, warum Jesus nicht auf Stärke setzte. Ich fing an zu begreifen, warum er auf Gewalt verzichtete und Leiden in Kauf nahm. Ich fing an zu begreifen, warum er Erniedrigungen auf sich nahm und Niedrigkeit zu seinem Weg dazu gehörte. Jetzt begriff ich, warum er sich dazu erniedrigt hatte, um mir die Füße zu waschen. Er hatte sich vor mir auf den Boden gesetzt! Doch um das zu begreifen, dazu musste ich selbst erst einmal zu Grunde gehen. Am Boden zerstört, fand ich *neuen* Boden unter meinen Füßen, auf dem ich wieder gehen konnte... auf neuem Grund, neue Wege, andere Wege. Ach, hätte ich es doch damals schon begriffen, als er noch bei uns war. Aber damals war ich noch nicht so weit.[4]

Predigt zu Matthäus 28, 1-10 Ostern   27.03.2005

Liebe Gemeinde,

Ich habe einmal versucht, mich in die Rolle der Maria Magdalena hineinzuversetzen. Wie mag sie diesen Ostermorgen wohl erlebt haben? Ich will davon erzählen.

Es war noch dunkel. Eigentlich war es noch Nacht, als ich mich mit Maria, der Schwester von Lazarus auf den Weg zum Grab machte. Noch am Freitag hatten wir Salbe eingekauft. Wir haben ein Vermögen dafür ausgegeben. Fast alles, was wir gespart hatten. Aber für Jesus war uns nichts zu teuer. Doch dann, um sechs Uhr hatte der Sabbat begonnen, und wir durften die heilige Zeit des Feiertages nicht stören. Also gingen wir nach Hause. Wir ließen unseren Tränen freien Lauf. Wir haben fast den ganzen Tag geweint und die halbe Nacht. Zum Schluss war es so, als hätten wir keine Tränen mehr, die wir weinen könnten, und unsere Trauer ebbte in trockenes Schluchzen. Wir waren erschöpft und konnten doch kaum schlafen. Meine Seele brannte vor Schmerz. Als sie Jesus in die Grabhöhle legten, da dachte ich bei mir: Eigentlich könnt ihr mich auch gleich mit ins Grab legen. Ohne Jesus will ich auch nicht mehr leben. Er war ja mein ein und alles.

Bevor ich Jesus kennen gelernt hatte, war ich krank gewesen, schwer krank an meiner Seele. Bei uns im Dorf, in Magdala, munkelten die Leute, ich wäre von bösen Geistern besessen. Alle schauten mich scheel an, nur weil ich noch nicht verheiratet war. Ich hatte einfach noch nicht den richtigen Mann getroffen und meinen Platz im Leben noch nicht gefunden. Alles, mein ganzes Leben, ja die ganze Welt erschien mir völlig sinnlos. Wenn ich morgens aufwachte, fühlte ich mich schwer wie Blei. Nur schwer kam ich aus dem Bett hoch. Es gab ja auch keinen Grund aufzustehen. Mit Mühe schleppte ich mich über den Tag. Alles war grau in grau. Und mit dem Gefühl großer Leere legte ich mich abends wieder schlafen, wenn ich denn Schlaf finden konnte. So waren Monate vergangen, Jahre. Und dann hörte ich, dass Jesus durch unser Dorf kommen würde. Ich hatte schon von ihm gehört, dass er Wunder vollbracht hatte und Menschen heilte. Die Hoffnung, ihn zu sehen, brachte wieder Licht in mein Leben. Als ich ihn dann traf, war es, als hätte er mir das Leben neu geschenkt. Alles Schwere fiel von mir ab. Der graue Schleier, der alles umgeben hatte, wich und meine Augen konnten die Farben wieder sehen. Meine Seele fing an zu singen und konnte wieder Freude empfinden. Von dem Tag an, versuchte ich, so viel Zeit wie irgend möglich mit Jesus zu verbringen. Ich wollte nicht mehr ohne ihn sein. Ich folgte ihm auf Schritt und Tritt (soweit das möglich war und sich schickte.)

Und jetzt, mit dem Karfreitag, war plötzlich alles aus. Ich fühlte mich wie lebendig begraben. Sinnlosigkeit breitete sich in mir aus, wie damals in den endlosen Tagen in Magdala. Nur eins war jetzt anders: Ich hatte die Farben schon einmal gesehen und das Leben geschmeckt. Die Hoffnung, die Jesus in mein Leben gebracht hatte, und die Erinnerung an ihn, die konnte mir niemand nehmen. Und so konnten wir es kaum abwarten, dass der Sabbat endlich vorüber war. Wir wollten zu Jesus. Wir wollten zum Grab. Wir wollten ihm noch einmal etwas Gutes tun, auch wenn er dadurch nicht wieder lebendig werden würde.

Unterwegs fiel uns ein, dass das Grab mit einem riesigen Stein verschlossen war. Wer würde uns helfen, den Stein beiseite zu rollen, den Stein vom Grab, und den

Stein von unseren Herzen? Da erinnerten wir uns an die Wachen, die aufgestellt worden waren. Vielleicht würden die uns helfen?

Als wir dann am Grab angekommen waren, da mussten wir uns doch sehr wundern. Es war geradezu unheimlich. Der Stein war schon beiseite gerollt und aus der Graböffnung schien ein fahles Licht. Wir waren gar nicht die ersten. Mit zitternden Knien wagten wir uns weiter vor. „Fürchtet euch nicht. Habt keine Angst," begrüßte uns eine Stimme. Wir erschraken. „Ich weiß, was ihr hier sucht. Ihr sucht Jesus, den sie ans Kreuz genagelt haben. Er ist nicht hier. Kommt her und seht die Stelle, wo er gelegen hat." Wir gingen hinein und sahen dort die Leinentücher, in die sie Jesus gewickelt hatten. Aber ihn sahen wir nicht. Wir begriffen nicht gleich, was das zu bedeuten hatte. Da hörten wir wieder die Stimme zu uns sagen: „Und jetzt geht schnell zu seinen Jüngern und sagt ihnen: ‚Gott hat Jesus von den Toten auferweckt. Er geht euch voraus nach Galiläa. Dort werdet ihr ihn sehen.‘ Ihr könnt euch auf mein Wort verlassen." Ich war wie vom Donner gerührt. Ich traute mich gar nicht, weiter zu fragen. Es durchzuckte mich wie ein Erdbeben und alles Schwere fiel von mir ab. Ich machte auf dem Absatz kehrt und fing an zu laufen. Erst nach einer ganzen Weile beruhigten sich meine Schritte und ich hörte Maria neben mir keuchen. Wir sprachen kein Wort miteinander. Was hätten wir auch sagen sollen. Unterwegs kam uns ein Mann entgegen, der auch schon zu dieser Stunde unterwegs war. Es überraschte mich, dass er uns einfach ansprach, da wir ihn doch nicht kannten. „Maria," grüßte er. Ich blieb wie angewurzelt stehen und erkannte an der Stimme, dass es Jesus war. Ehe ich etwas erwidern konnte, sagte Jesus: „Ihr braucht keine Angst zu haben. Geht und sagt meinen Jüngern, dass ich auferstanden bin. Sie sollen nach Galiläa gehen. Dort werden sie mich sehen." Jetzt hatte ich ihn mit meinen eigenen Augen gesehen. Mit Maria rannte ich weiter zurück nach Jerusalem. Völlig außer Atem kamen wir zum Versteck der Jünger und erzählten ihnen alles, was wir gesehen und gehört hatten. Sie wollten uns zunächst nicht glauben. Da war ich sehr enttäuscht. Aber dann war es mir auch egal. Ich hatte ihn gesehen - und nun war ich wie verwandelt. Es war wie damals, als er mich von meiner Schwermut geheilt hatte. Die Trauer fiel mir wie ein schwerer Stein vom Herzen. Ich konnte wieder frei atmen. Ich musste nicht mehr nach Sinn suchen und nach Sinn fragen. Das Leben erschien mir einfach wieder bunt und schön. Ja, nachdem ich selbst am Boden zerstört war, stand ich nun selbst wieder auf zu neuem Leben. Das war wie eine Auferstehung – meine Auferstehung zu neuem Leben!

B. BIBLISCHE PREDIGTEN

Predigt zu Apostelgeschichte 10, 21-35
am 3. Sonntag nach Epiphanias am 22.1.1984
(Der Hauptmann Kornelius)

Liebe Gemeinde!

Petrus bekehrt einen Heiden. Lange bevor der Apostel Paulus als der große Heidenmissionar auf der Bühne der urchristlichen Missionsarbeit auftritt, traut sich Petrus auf dieses schwierige Feld. Wie groß die Schwierigkeiten waren, lässt die lange, sorgfältige und gut begründete Erzählung des Lukas noch sehr deutlich erkennen. Nach dem Pfingstereignis, dem Empfang des Heiligen Geistes, gründeten die Jünger Jesu die erste christliche Gemeinde in Jerusalem. Dabei blieben die Christen überzeugte Juden. Die jüdischen Reinheitsgesetze, die jüdischen Gebetsstunden, die jüdischen Bräuche und Feste blieben ihnen wert und teuer. Nur das Neue begann sie von den Juden in der Synagoge zu trennen: Das Evangelium von Jesus Christus, dem auferstandenen Herrn. Aber für diese neue Botschaft wollten sie ja die Juden, das *ganze* Volk Gottes gewinnen. Und sie waren überzeugt: Wenn ein Heide Christ werden wollte, dann musste er zuerst ein guter Jude werden mit all den Bedingungen und Schwierigkeiten, die das bedeutete. Die Christen in Jerusalem waren eben *Judenchristen.* Sie blieben ganz bewusst Juden und bewahrten ihre jüdische Tradition, aber in Erweiterung durch die Nachfolge Jesu Christi, dessen Leben, Sterben und Auferstehen sie miterlebt hatten.

Während Petrus auf einer Reise durch die urchristlichen Gemeinden in Joppe am Mittelmeer verweilt, kommen zwei Fremde auf ihn zu. Petrus erkennt sie gleich als römische Soldaten - also Heiden. Aber Petrus versucht nicht, ihnen aus dem Weg zu gehen. "Hier bin ich", sagt er, als er merkt, dass sie ihn suchen. "Welches Anliegen habt ihr an mich?" Er zeigt gleich große Bereitschaft, die Fremden anzuhören. Sie antworten bereitwillig: "Kornelius, unser Hauptmann, ist ein frommer und gottesfürchtiger Mann. Er steht der jüdischen Gemeinde nahe und genießt dort ein hohes Ansehen. Während einer Gebetsstunde erschien ihm ein heiliger Engel, der ihm Weisung gab, dich in sein Haus nach Cäsarea kommen zu lassen. Von dir soll er weitere Mitteilungen empfangen."

Der Fußmarsch nach Cäsarea ist weit. So lädt Petrus die Fremden ein, bei ihm zu übernachten, und er bewirtet sie gastfreundlich. Für uns hört sich das ganz natürlich an. Für Petrus und für die anderen Christen in Joppe ist das etwas Ungeheuerliches. Petrus nimmt diese Ausländer auf. Er bricht damit alle Apartheidgesetze seiner Zeit. Mehr noch. ER SITZT MIT IHNEN ZU TISCH! Er isst gemeinsam mit diesen Heiden, die nicht zwischen reinen und unreinen Speisen unterscheiden können. Die Milch- und Fleischspeisen nicht streng voneinander trennen und für die sich Schweinefleisch und Rindfleisch allenfalls im Geschmack unterscheiden. Petrus erinnert sich nämlich an einen Traum, den er kurz vorher hatte. Es war um die sechste Stunde (also 12 Uhr mittags) und er war schon hungrig geworden. Vor der Mahlzeit wollte er jedoch noch das jüdische Mittagsgebet halten. Während er den Herrn anrief, sah er den Himmel sich öffnen und er sah ein großes Gefäß vom Himmel zur Erde herabkommen. Es sah aus wie ein großes Segeltuch, das an den vier Zipfeln zur Erde herabgelassen wurde. Darin wimmelte es von allerlei vierfüßigen und kriechenden Tieren und Vögeln des Himmels - reine und unreine Tiere unentwirrbar durcheinander. Da hörte Petrus eine Stimme vom Himmel, die sprach zu ihm: "Steh auf, Petrus, schlachte und iss!" "Niemals, o Herr," entgegnete Petrus, "denn noch nie im Leben habe ich etwas Unreines gegessen." Da ertönte die Stimme ein zweites Mal: "Was Gott als rein erklärt hat, das sollst du nicht unrein nennen."

Petrus hat lange über diesen Traum nachgedacht und gegrübelt. Endlich versteht er den Sinn. Er soll die Menschen nicht unterscheiden in Reine und Unreine, auch wenn er dadurch die Reinheits- und Speisevorschriften seiner jüdischen Vorfahren verletzt.

Am nächsten Tag erreicht er nach einem langen Fußmarsch mit den römischen Soldaten Cäsarea, die Garnisonsstadt. Kornelius hat alle seine Freunde und Verwandten eingeladen und empfängt Petrus erwartungsvoll. Als dieser hereintritt, fällt Kornelius ihm zu Füßen. Er verhält sich, wie es seiner Religion entspricht. Petrus ist ihm durch einen göttlichen Traum angekündigt worden. Nun will er diesem göttlichen Boten huldigen. Petrus ist etwas befremdet. Aber er nimmt sich zusammen und versucht dieser Fremdheit zu begegnen. Er ist vorsichtig, um Kornelius nicht zu verletzen. Aber doch recht bestimmt sagt er zu ihm: "Steh auf! Ich bin auch nur ein Mensch." Petrus richtet ihn auf. Er spricht zu ihm das aufrichtende Wort und begegnet ihm ganz - von Mensch zu Mensch. Jetzt schaut keiner mehr auf den anderen herab oder zu ihm hinauf. Das ist geradezu ein Wunder, dass diese beiden Menschen überhaupt zueinanderfinden. Für beide stehen eigentlich unüberwindbare Grenzen im Wege, die sie voneinander trennen. Dem Juden ist jeder Kontakt mit dem Heiden verboten. Der Römer kann dem Boten Gottes eigentlich nur die Huld entgegenbringen, die einem übermenschlichen Wesen gebührt. Aber beide überschreiten die jeweilige Grenze. Der Römer akzeptiert Petrus als Menschen. Dazu muss er von seiner heidnischen Götterwelt Abschied nehmen. Dabei tut er den ersten Schritt zum Bekenntnis zu Gott als dem Vater Jesu Christi. Auch Petrus verändert sich. Er gibt einen wichtigen Bestandteil seiner bisherigen Ordnungen auf. Damit begibt er sich in unbekanntes Land, in ein Land, in welchem er sich nur noch auf Gott verlassen kann und nicht mehr auf seine Überlieferungen.

Ins Gespräch vertieft gehen Petrus und Kornelius hinein in die Versammlung, die der Römer in sein Haus geladen hatte. Dort ergreift Petrus das Wort: "Ihr alle wisst, dass es für einen Juden gesetzwidrig ist, mit einem Nichtjuden zu verkehren oder auch nur sein Haus zu betreten. Mir aber hat Gott gezeigt, dass ich keinen Menschen meiden oder unrein nennen soll. Darum bin ich auch gekommen, als ihr mich holen ließet, ohne Widerspruch zu erheben. Nun möchte ich aber wissen, aus welchem Grunde Ihr mich habt kommen lassen." Da antwortet ihm Kornelius und sagt: "Vor vier Tagen, genau jetzt um diese Zeit, betete ich in meinem Haus das Drei-Uhr-Gebet. Da trat ein Mann in einem leuchtenden Gewand vor mich und sagte zu mir: 'Kornelius, dein Gebet ist erhört worden und Gott hat deine Wohltaten gesehen. Schicke du einen Boten nach Joppe und lass Simon rufen, der auch Petrus genannt wird.' Sofort sandte ich meine Boten aus zu dir, und tatsächlich hast du dich freundlicher Weise bei uns eingefunden. Nun sind wir alle hier vor Gott versammelt, um alles anzuhören, was dir von Gott, dem Herrn, aufgetragen ist." Da begreift Petrus, dass diese einmalige Zusammenkunft zwischen Heiden und jüdischen Christen von Gott selbst zusammengeführt wurde - durch seinen Traum und durch den Traum, den der Hauptmann Kornelius zur gleichen Zeit hatte.

Da erwidert Petrus: "Wahrlich, jetzt begreife ich erst, was es heißt: Gott macht keine Unterschiede. Nein, wer - aus welchem Volk auch immer - Gott fürchtet und Gerechtigkeit übt, den hat Gott angenommen." Danach beginnt Petrus zu predigen und verkündigt das Evangelium von Jesus Christus. Während er spricht, fällt der Heilige Geist *auf alle* herab, die dem Wort zuhören. Alle Christen, die Petrus begleiteten, waren entsetzt und ergriffen, dass die Gabe des Heiligen Geistes auch auf die Heiden ausgegossen wurde. Während sie mit Zungen redeten und Gott priesen, wurden sie von Petrus getauft.

Die entscheidende Grenze war überschritten. Freilich, es war nicht die letzte Grenze. Für Petrus gingen die ganzen Auseinandersetzungen jetzt erst richtig los. Als er nach Jerusalem zurückkehrte, wurde er in seiner Gemeinde heftig angegriffen für das Unerhörte, wozu er sich da in Cäsarea hatte hinreißen lassen. Aber der entscheidende Schritt der Annäherung war getan.

Die Frage, ob nur Juden oder auch Heiden Christen werden können, ist für uns längst keine Frage mehr. Aber die Geschichte hat auch für uns eine Botschaft, die auch heute noch für uns gilt. Auch wir sind aufgerufen, die Grenzen zu überschreiten, die Menschen voneinander trennen. Wenn wir uns darauf einlassen, werden wir genauso erstaunt und erschrocken feststellen, wie die Christen in Cäsarea: Der Heilige Geist ist auch bei denen auf der anderen Seite der Grenze, die wir Menschen künstlich zwischen uns aufgebaut haben.

Petrus will dazu ermutigen. Er ist uns ein Vorbild auf dem Weg in unbekanntes Land, wo wir uns nicht mehr an unseren alten Trennungen und Unterscheidungen orientieren können, wo wir uns aber auf einen verlassen können, auf den EINEN, der uns neue Wege zeigt: auf Gott. Das Spannende an dieser urchristlichen Missionsgeschichte ist ja, dass nicht nur der Hauptmann Kornelius bekehrt wird sondern auch Petrus. Auch Petrus, der Missionar, geht als ein nachhaltig Veränderter, ein Verwandelter - ja als ein Bekehrter aus dieser missionarischen Begegnung hervor. Die Begegnung verwandelt beide! Genauer gesagt: Kornelius kann nur deshalb bekehrt werden, weil Petrus sich bekehrt.[5]

Predigt zu Matthäus 18,21-31
am 22. Sonntag nach Trinitatis am 3.11.1985
(Das Gleichnis vom Schalksknecht)

Liebe Gemeinde!

Auf die Frage des Petrus: "Wie oft soll ich meinem Bruder vergeben?" antwortet Jesus mit einem Gleichnis:

Ein König rechnete mit seien Statthaltern das Steueraufkommen aus den Provinzen ab. Da wird einer aus der Haft vor ihn geführt., der ihm 10 Tausend Talente schuldig geblieben ist. Zehntausend Talente! Das sind zehntausend Zentner Silber; 100 Millionen Denare! Eine schier unvorstellbare Summe Geld. Ein Denar - Martin Luther übersetzt "Silbergroschen" - war damals ein Tageslohn. Wenn wir heute von einem durchschnittlichen Tagesverdienst von DM 150,- ausgehen, wären einhundert Millionen Tageslöhne 15 Milliarden DM!

Dem Schuldner wird alles gepfändet, was er hat. Aber das tilgt nur einen lächerlichen Bruchteil der Schuld. - Und, wie es damals üblich war, sollten nun er, seine Frau und seine Kinder in die Schuldsklaverei verkauft werden. Da fleht der Schuldner den König um Aufschub an und verspricht, alles abzuzahlen. Doch das Versprechen ist hohl. Es ist völlig unerfüllbar. Einhundert Millionen Denare! Das ist ein ganzer Staatshaushalt. Das kann kein Mensch aufbringen.... nicht in hundert Jahren. 375.000 Jahresgehälter!?!?! Doch der König hat Erbarmen. Er gewährt seinem säumigen Statthalter nicht nur Aufschub. Er erlässt ihm die Schuld ganz.

Da trifft der begnadigte Statthalter einen seiner Beamten, der ihm 100 Denare schuldet - eine viel kleinere Summe, vergleichbar mit DM 15.000,-. Mit den gleichen Worten des Statthalters an den König bittet nun der

Beamte auch um Zahlungsaufschub. Aber der Statthalter ist hartherzig. Er lässt den Beamten ins Gefängnis werfen, bis er seine Schuld bezahlt hat.

Ist das nicht empörend? Eine millionenfache Schuld ist ihm erlassen worden - doch der Statthalter klagt diese 100 Denare ein, schroff und erbarmungslos. Können Sie das begreifen?

I. Ich habe es versucht. Ich habe versucht, mich in diesen Statthalter hineinzuversetzen. Was mag in ihm vorgegangen sein? Ihm steht das Wasser bis zum Hals. Um alles in der Welt will er aber vor der Sklaverei bewahrt werden. Also bittet er um Zahlungsaufschub. Doch der realistische König lässt sich nicht auf solche Besserungsversprechen ein. Er erlässt ihm die Schuld lieber ganz; wohlwissend, dass der Schuldner ein Schuldner bleibt - wenn auch ein begnadigter. Dass der König ihm gleich die ganze Schuld erlässt, darum hatte er ja gar nicht gebeten. Vielleicht nimmt er es zunächst stillschweigend hin, weil es ihn von diesem nicht zu bewältigenden Zahlungsdruck entlastet. ABER er kann es nicht wirklich von Herzen annehmen! Er kann sich nicht entschuldigen lassen. Er müsste dann ja vor dem König, vor den anderen Leuten und vor allem auch vor sich selbst seine Schuld eingestehen: Ich bin dem Herrn einhundert Millionen Denare schuldig geblieben. Ich bin ein Schuldner! Ich bin ein Sünder! NEIN!!! Auch wenn es völlig ausgeschlossen ist, nimmt er sich doch im Stillen vor, diese riesige Schuld abzutragen. Das will er nicht auf sich sitzen lassen. Aber das wird verdammt hart werden. Er muss jetzt sparen bis zum Geiz. Kein Pfennig darf ihm jetzt noch durch die Lappen gehen.

Da trifft er diesen Beamten, der ihm 100 Denare schuldig ist. Mit diesen 100 Denaren könnte er gleich mit der Abzahlung beginnen. Mit dieser Schuld des anderen könnte er sofort gegen die eigene Schuld angehen. Nur: Er muss diese Schulden erst einmal eintreiben.

Ich vermute, es war ein Mensch wie dieser Schalksknecht, dem Jesus einmal sagte: "Richte nicht, damit du nicht gerichtet wirst. Denn du wirst nach dem gleichen Maßstab gerichtet werden, nach dem du selbst richtest. Was siehst du den Splitter im Auge deines Bruders, aber nicht den Balken in deinem eigenen Auge? Du Heuchler, zieh zuerst den Balken aus deinem eigenen Auge; und sieh danach zu, wie du den Splitter aus dem Auge deines Bruders ziehst!" (Lukas 6,37-42)

Geht uns das nicht auch so? Haben wir nicht auch Fehler , Schattenseiten, die wir nicht wahrhaben wollen, die wir ahnen, aber die wir uns nicht eingestehen wollen? Fehler, die wir bekämpfen, und zwar ganz besonders hart, wenn wir sie bei anderen beobachten? Wenn wir uns selbst gegenüber barmherziger wären, realistischer wären, dann könnten wir auch anderen gegenüber barmherziger sein. Der Schalksknecht konnte sich selbst nicht vergeben und nicht vergeben lassen. - Darum konnte er auch anderen nicht vergeben. Alle guten Vorsätze in Ehren! Ich glaube dennoch: Es ist entscheidend, was ich jetzt bin, und nicht was ich mir vornehme und verspreche, einmal zu werden. Der Volksmund sagt es mit dem Bonmot: "Eigentlich bin ich ganz anders. Ich komm nur so selten dazu." Wir sollten wach sein für die Gnade Gottes gegen die Vergesslichkeit des Schalksknechtes und wir sollten zu uns stehen - so wie wir sind, gegen das heuchlerische und krampfhafte Gut-Sein-Wollen.

II. Das Gleichnis vom Schalksknecht ist eine Antwort auf die Frage des Petrus: "Wie oft soll ich meinem

Bruder, der mir Unrecht tut, vergeben?" Wir ahnen es schon von vornherein: Die Antwort lautet nicht sieben Mal sondern siebzig Mal sieben Mal. Und das heißt natürlich nicht, dass wir 490 Mal abzählen sollen - sondern unbegrenzt! Und doch, denke ich, hat die Frage des Petrus ihr Recht! Dahinter steht ja die Frage: Muss ich mir denn wirklich alles gefallen lassen? Gibt es nicht irgendeine Grenze, an der ich durchgreifen muss, hinter der ich mich schützen muss. Dahinter steckt auch die Erfahrung: Es gibt so tiefe Verletzungen, die ich einfach nicht vergeben kann. Petrus fragt gewisser maßen nach einem Maßstab, nach einer Ordnung, einem Gesetz, nach dem es in Ordnung wäre, nicht zu vergeben. Jesus verweigert ihm diese Ordnung, dieses Gesetz, hinter dem Petrus ungeschoren Vergebung verweigern könnte. Auch die siebzigmal siebenmal sind kein Gesetz der Unbegrenztheit. Anstelle einer Ordnung antwortet ihm Jesus mit einer Grundhaltung der Vergebung, einer Grundeinstellung, die man nicht messend zu einem Gesetz machen kann. Sie schließt aber die tiefe Selbsterkenntnis mit ein: "Wie steht es eigentlich mit mir selbst?"

Das Gleichnis vom Schalksknecht ist im Grunde eine Auslegung zu der Bitte im Vaterunser: "Und vergib uns unsere Schuld - wie auch wir vergeben unseren Schuldigern." Der erste Teil der Bitte geht uns recht leicht über die Lippen. Aber der zweite Teil hat sicherlich nicht nur mich schon oft nachdenklich gemacht: "wie auch wir vergeben unseren Schuldigern." Ich vergebe doch gar nicht immer meinen Schuldigern. Es gibt Leute, da fällt mir diese Vergebung auch sehr schwer. Das Gleichnis und das Vaterunser sagen: Mir selbst ist nur in dem Maße vergeben, wie ich diese Vergebung weitergebe an meinen Mitmenschen. Wo ich nicht verzeihe, da bleibt etwas unausgeräumt, unversöhnt; und das liegt nicht nur am anderen. Wo ich an der Schuld des anderen festhalte, da halte ich auch an der eigenen Verletzung fest! Vergebung ist entsprechend nicht nur eine Wohltat für den Schuldigen sondern auch an meiner eigenen Seele. Das hat eine Wechselwirkung! Wo wir Gottes Vergebung nicht annehmen und weitergeben, da wird Gottes Gnade verspielt und die Chance zu neuem Leben nicht wahrgenommen. Es gibt auch kein Aufbewahren dieser Chance, wie es der Schalksknecht versucht hat, nach dem Motto: Es ist gut zu wissen, dass Gott mir meine Schuld erlässt, aber ich will doch erst einmal selbst versuchen, die Schuld zu begleichen. So lange bleiben wir in der Schuld gefangen. Gottes Gnade wird erst dort wirksam, wo wir sie von Herzen annehmen. Wo wir aber andere Maßstäbe gelten lassen, werden wir selbst nach diesen Maßstäben gerichtet. Was der Mensch sät, das wird er auch ernten.

Und doch muss ich dazu noch sagen: Von Herzen vergeben und Vergebung annehmen, das ist keine Sache des eigenen Willens. Ja, auch Gnade Annehmen ist ein Geschenk Gottes. Wo wir Vergebung annehmen, da nehmen wir Gott selbst an. Vergebung ist das Ankommen Gottes mitten unter uns. Wir schaffen das nicht durch Willensakte, sondern Christus schafft es in uns, wo er Gestalt gewinnt in unserem Leben. Er aber bleibt der Gestalter. Das heißt es, aus der Gnade Gottes zu leben. Und wo Gottes Gnade unser Leben gestaltet, da sind wir schon jetzt von einer großen und tiefen Gelassenheit erfüllt, dem Frieden Gottes, der größer ist als all unser Wissen und Wollen - unsere Vernunft. Amen.

Predigt zu Offb. 5,1-14 am 1. Advent den 29.11.1987
(Das Buch mit den sieben Siegeln)

Liebe Gemeinde!

So haben wir es eben miteinander gesungen: *O, Heiland., reiß die Himmel auf / herab, herab vom Himmel lauf / reiß ab vom Himmel Tor und Tür / reiß ab, wo Schloss und Riegel für.*

Das ist unsere Sehnsucht - endlich einmal aus der Not und Plage unseres Lebens einen Blick in den Himmel tun - in Gottes Herrlichkeit. Ja, mehr noch: dass diese Herrlichkeit Gottes herabkomme vom Himmel Lauf - herab auf unsere Erde. Das ist die Sehnsucht des Advents. Das Warten auf die Ankunft Gottes.

Unser Predigttext heute will unserer Sehnsucht entgegenkommen mit einer grandiosen Vision aus dem Buch der Offenbarung. Doch bevor wir uns auf diese Vision einlassen, wollen wir uns bewusstmachen, was so leicht übersehen wird:

Das Visionäre ist uns gar nicht so fremd, wie wir zunächst meinen. Es ist ein ganz selbstverständlicher Teil unseres Lebens. Wer ein Haus bauen will, hat zunächst nur eine Vorstellung von seinem späteren Zuhause. Es soll ein Stück Himmel auf Erde werden: ein Ort des Rückzugs, der Wärme und der Geborgenheit. Er sieht mit seinem inneren Auge das Haus, das es in Wirklichkeit noch nicht gibt. Das ist eine Vision. Verliebt sich ein junger Mann in ein schönes Mädchen und hofft er, dass sie seine Liebe erwidert, wird auch er von einer Vision beherrscht. Jedem Malen eines Bildes geht eine visionäre Vorstellung voraus. Eine Vision haben heißt: Ich bin mit meinen Gedanken der Gegenwart voraus. Ich überschreite mit meiner Phantasie die Grenze zur Zukunft. Zugegeben: unsere Visionen haben meistens kleines Format. Aber das kleine Format genügt, um uns eine Vorstellung vom Visionären überhaupt zu geben. So sind wir nicht unvorbereitet, wenn in uns Bilder aus den tieferen Schichten unserer Seele ihre Versiegelung durchbrechen und vor unserem inneren Auge erscheinen. Zeiten des Umbruchs in unserem Leben sind solche Zeiten, in denen Visionen in uns emporsteigen - in den Nächten in denen wir schlaflos sind vor Aufregung und Vorfreude oder vor Angst. Wenn Schüler nach Berlin fliegen dürfen zum Finale "Jugend trainiert für Olympia". Wenn ein Brautpaar sich auf die Hochzeit freut und das gemeinsame Leben. Wenn junge Eltern sich auf die Geburt eines Kindes freuen oder auch Angst davor haben. Wenn wir von Menschen Abschied nehmen müssen, weil der Tod sie uns nahm, oder weil wir in eine andere Stadt ziehen. Auch kleinere Anlässe können Visionen in uns hervorrufen. Der erste Schultag; ein Zeugnis, in dem es heißt: "Sitzen geblieben"; ein Konflikt im Betrieb, bei dem wir uns fragen müssen: „Meine Güte, wie soll das nur weitergehen?"

Und je nachdem, ob wir von unserer Natur her eher dazu geneigt sind, der Zukunft mit Hoffnung und Vertrauen oder eher mit Befürchtungen und Angst entgegenzugehen, werden unsere Bilder Visionen der Hoffnung in den Farben des Regenbogens sein oder bedrohliche Visionen, in denen wir Schwarz sehen. Die äußeren Umstände, der Anlass tun natürlich das Ihre dazu.

Die biblische Vision unseres heutigen Predigtabschnittes ist in einer schweren Zeit geschrieben worden. Unter dem Kaiser Domitian um die erste Jahrhundertwende wurden die Christen grausam verfolgt, weil sie nicht bereit waren, den römischen Kaiser als Sohn Gottes zu verehren. Die Römer dachten, dass der Glaube an die göttliche Abkunft die Macht des Kaisers und des

Staates begründet. Das war sozusagen ihre Staatsverfassung. Darum wurden die Christen als Verfassungsfeinde betrachtet und nach damaligem Gesetz auch behandelt. Doch die Christen weigerten sich, Christus, den König des Advents, zu verraten. Johannes, einer der großen Denker der frühen Christenheit, war in ein Gefängnis auf der Insel Patmos verbannt worden. Hier, ohnmächtig den Gemeinden in Ephesus und im übrigen Kleinasien beistehen zu können, mit vielen Verhaftungen und Hinrichtungen frisch in der Erinnerung, wird er von Visionen, von Offenbarungen, überfallen.

Ich lese noch einmal einen Teil aus unserem Predigttext (Offenbarung 5, 1 - 9 (Das Wort vom Buch mit den sieben Siegeln ist die biblische Grundlage für das oberste Bildmotiv in unserem Altarmosaik!)

1 Und ich sah in der rechten Hand dessen, der auf dem Thron saß, ein Buch, beschrieben innen und außen, versiegelt mit sieben Siegeln. 2 Und ich sah einen starken Engel, der rief mit großer Stimme: Wer ist würdig, das Buch aufzutun und seine Siegel zu brechen? 3 Und niemand, weder im Himmel noch auf Erden noch unter der Erde, konnte das Buch auftun und hineinsehen. 4 Und ich weinte sehr, weil niemand für würdig befunden wurde, das Buch aufzutun und hineinzusehen. 5 Und einer von den Ältesten spricht zu mir: Weine nicht! Siehe, es hat überwunden der Löwe aus dem Stamm Juda, die Wurzel Davids, aufzutun das Buch und seine sieben Siegel. 6 Und ich sah mitten zwischen dem Thron und den vier Gestalten und mitten unter den Ältesten ein Lamm stehen, wie geschlachtet; es hatte sieben Hörner und sieben Augen, das sind die sieben Geister Gottes, gesandt in alle Lande. 7 Und es kam und nahm das Buch aus der rechten Hand dessen, der auf dem Thron saß. 8 Und als es das Buch nahm, da fielen die vier Gestalten und die vierundzwanzig

Ältesten nieder vor dem Lamm, und ein jeder hatte eine Harfe und goldene Schalen voll Räucherwerk, das sind die Gebete der Heiligen, 9 und sie sangen ein neues Lied: Du bist würdig, zu nehmen das Buch und aufzutun seine Siegel; denn du bist geschlachtet und hast mit deinem Blut Menschen für Gott erkauft aus allen Stämmen und Sprachen und Völkern und Nationen.

Johannes sieht vor seinem inneren Auge Gott auf seinem Thron sitzen, in der Hand eine Buchrolle, mit sieben Siegeln versiegelt. Sie ist innen und außen beschrieben wie die Buchrolle des Propheten Ezechiel. Sie sollte die ganze Klage, das ganze Weh und Ach aus der Zeit der babylonischen Gefangenschaft fassen. Doch die Innenseite der Rolle hatte nicht gereicht. Auch die ganze Außenseite war damit gefüllt. Wer könnte solches Leid fassen? Wer könnte so viel Schmerz ertragen? Sollten wir es nicht lieber versiegelt halten in Angst? Doch es ist das Buch des Lebens. Es enthält das Schicksal der Menschen und der Welt. Es klingt verzweifelt und fatalistisch, wenn Johannes schreibt: "Niemand. im Himmel noch auf, Erden noch unter der Erde konnte das Buch auftun und. hineinsehen. Und ich weinte sehr, dass niemand würdig erfunden ward, das Buch aufzutun und. hineinzusehen."

Johannes weint bitterlich. Es ist wichtig, dass wir eine Weile bei diesem weinenden Johannes ausharren. Groß ist die Versuchung, die Tränen voreilig, vorzeitig abzuwischen - weiterzublättern ans Ende der Offenbarung, wo nicht mehr sein wird Leid noch Geschrei noch Schmerz. Zunächst einmal fließen die Tränen.. Wie viel Freiheit steckt darin, die Tränen freizugeben und fließen zu lassen. Sie nicht gleich abwischen zu wollen, sondern zu weinen darüber, dass wir nicht mehr durchsehen - so wie Jesus geweint hat über die unseligen Verknotungen des Lebens, wie er geweint hat über Jerusalem oder am Grab des Lazarus.

Wir, besonders wir Männer, sind dazu erzogen worden, dass wir uns unserer Tränen schämen. „Ein Junge weint doch nicht". Und wenn's nicht anders geht, dann lieber heimlich. Die biblischen Gestalten sind Vorbilder für das Gegenteil. Jesus wie auch Johannes weinen in Trauer und Ratlosigkeit. Wie oft fragen nicht auch wir: "Gott, wie soll es bloß weitergehen mit uns ?" Wenn wir den Arbeitsplatz verloren haben, wenn wir durch eine Prüfung gefallen sind, wenn wir an die Zukunft unserer Kinder denken in einer vergifteten Umwelt zwischen den Raketenarsenalen des Schreckens. Johannes weicht seinem Schrecken nicht aus. Er weint. Freilich: Wer will eine Öffnung der Klemme, einen Ausweg aus der Not sehen, dessen Augen vor Tränen gar nichts sehen können. Doch es ist ein entscheidender Unterschied, ob wir mit leeren oder gefüllten Augen nichts sehen.

In diesem Augenblick der Tiefe, in diesem Augenblick der Tränen kommt es in der Vision des Johannes zur entscheidenden Wende. Einer der Ältesten vor dem Thron spricht zu ihm: "Weine nicht! Siehe, es hat überwunden der Löwe, der da ist vom Geschlecht Juda, die Wurzel Davids." Und mitten unter den 24 Ältesten stand ein Lamm, wie wenn es erwürgt wäre. Und es kam und nahm das Buch aus der rechten Hand dessen, der auf dem Thron saß. Ist es ein Wunder, dass derjenige, der das Weinen freigab und teilte, nun auch derjenige ist, der Knoten und Siegel zu lösen vermag? Es ist zumindest paradox. Doch darin steckt die ganze Wahrheit. Das geopferte Lamm Gottes, das Leid und Sünde der Welt trägt, ist zugleich der Sieger, der Herr, der Gottes Verheißung vollendet. Sie lautet: Die Schöpfung ist nicht dem Tod verfallen. Sie stirbt nicht, sondern die

Schöpfung wird neu. Für jeden Einzelnen heißt das, was auch immer ihm widerfahren ist: Das Leben ist nicht zu Ende. Dein Leben wird wieder neu. Er versöhnt uns selbst mit dem, was uns beängstigt und uns bedrohlich erscheint. Christus ist zugleich Löwe und Lamm, Sieger und Opfer zugleich und dadurch würdig und fähig, leidensfähig und dadurch erhöht würdig, die Siegel vor dem Buch des Lebens zu lösen.

Neben das Bild vom Lamm Gottes, dem Opfertier, tritt das Bild vom Löwen aus dem Geschlecht Juda. Dieser Hoheitstitel kommt zu den vertrauten Ehrennamen wie Messias, Erlöser, Heiland, Kyrios und Herr hinzu. Wir spüren, was damit gemeint ist: die unendliche, gewaltige Kraft Jesu Christi, die Bande unserer Seele, ja selbst die Bande des Todes zu lösen. Ich denke, die fast vergessene Rede von Christus als dem Löwen ist eine sehr wichtige Ergänzung zum Bild des Lamm Gottes. Denn Christus ist nicht nur der ohnmächtig leidende, der erniedrigte Dulder. Auch wenn er das Leiden nicht vermeidet, sondern auf sich nimmt, so ist er doch der Überwinder, der Held, dem die Völker anhängen, der Löwe vom Geschlecht Juda. Es ist nicht der Löwe auf den Wappen der irdischen Könige, Symbole für die Macht des Stärkeren. Der Löwe von Juda ist eine andere Macht, von der Paulus schreibt: Gottes Kraft ist in den Schwachen mächtig. Und im Vertrauen auf diese Kraft sagt Paulus weiter: "In Ängsten, und siehe, wir leben." Mitten in meinen Ängsten und dunklen Erwartungen kann ich das Bild vom Löwen meditieren und gewinne Vertrauen und die unbändige Kraft Jesu Christi. Der König des Advents ist stärker als alles, was mich erdrückt und lähmt.

Schließlich verneigen sich die 24 Ältesten vor dem Lamm, und mit ihnen die vier Gestalten: Löwe, Stier,

Mensch und Adler. Auch sie sind Symbole für die Macht des ohnmächtigen Gottes, der Löwe als Raubtier, das Kalb als Opfertier, der ohnmächtige Mensch gegenüber dem majestätischen Adler, der seine Flügel ausbreitet wie Gott, der die Menschen auf seinen Flügeln trägt.

Sie alle stimmen ein in ein neues Lied: Du bist würdig zu nehmen das Buch, und aufzutun seine Siegel. Denn du bist erwürgt und hast mit deinem Blut für Gott erkauft Menschen aus allen Geschlechtern und Sprachen und Völkern und Nationen. Gottes Heilswillen umspannt die ganze Welt. Alle Menschen sind gerufen. Keiner wird ausgegrenzt. Die Christenheit umschließt die ganze Erde. Sie sind die große Gemeinschaft der Befreiten. Überwältigend ist dann der Schluss der Vision: Eine große Tausendzahl von Engeln stimmt mit der ganzen Kreatur in einen Lobpreis ein, der sich kaum noch steigern lässt. Vielleicht hören auch sie die Töne aus dem Halleluja in Händels Messias, wenn sie die Worte hören: "Das Lamm, das erwürgt ist, ist würdig zu nehmen Kraft und Reichtum und Weisheit und Starke und Ehre und Preis und Lob und Gewalt von Ewigkeit zu Ewigkeit. Amen "

Vielleicht hatten Sie, liebe Gemeinde, heute beim Hören der Predigt das Gefühl: Mit all den Tränen und Ängsten ist das ja nicht sehr adventlich. Vielleicht ist Ihnen auch die Weihnachtsgeschichte nicht sehr adventlich mit den Obdachlosen, die keine Herberge finden und schließlich bei den Tieren ihr Kind bekommen. Die Frohe Botschaft des Evangeliums blendet das Dunkel unserer Seele und dieser Welt nicht aus, sondern sie hellt es auf. Das Dunkel der Welt ist überwunden. Das Licht leuchtet in der Finsternis. Auch in der Weihnachtsgeschichte offenbart der Lobpreis der Engel die Herrlichkeit Gottes mitten in diesem elenden

Geschehen: "Ehre sei Gott in der Höhe, und Friede auf Erden und den Menschen ein Wohlgefallen."

Das ist Advent. Ankunft des Herrn. Amen.

<u>Predigt zu Johannes 12,9-19 Palmarum, den 23.3.1997</u>

Liebe Gemeinde,

Heute ist Palmsonntag. Wir feiern Jesu Einzug in Jerusalem. Da liegt es nahe, Palmzweige zu verteilen. Da ich aber keine Palmen in der Nähe gefunden habe, dachte ich, dass Zweige vom Lebensbaum der Palme am Nächsten kommen. Beide sind sie immergrün, ein Symbol für Dauerhaftigkeit, für Ewigkeit. Der Lebensbaum ist zugleich ein Symbol des Lebens und in dieser Kombination für das ewige Leben. Nehmen Sie doch bitte jetzt den Zweig zur Hand, den Sie am Eingang bekommen haben. Betrachten Sie ihn in aller Ruhe und Sorgfalt. Welche Farbe hat er... ? Vielleicht sogar unterschiedliche Schattierungen... ? Wie ist seine Größe, ... und seine Form...? Eher in die Länge gewachsen oder eher breit? Das Grün, keine eigentlichen Nadeln, aber auch keine Blätter, kein Laub. Etwas ganz eigenes. Wie fühlt er sich an... die Oberfläche? Vielleicht hat er auch einen Geruch... ? Gestern noch wuchs er an einem Baum. Auch ich möchte sein wie ein Baum, gepflanzt am Wasser, möchte grünen und blühen, und reichlich Früchte tragen. Wer möchte das nicht? Im Grunde ist jeder von uns wie ein Baum. Und so unterschiedlich die Bäume sind, so unterschiedlich sind auch wir. Wie ein Baum kann ich mich fragen: Wo habe ich meine Wurzeln? Wie tief sind sie? Mein Stamm: Was gibt mir meine Festigkeit und wie stark ist sie? Meine Rinde: Ist sie glatt und geschmeidig oder eher rau, gar vernarbt? Habe ich Raum, um mich auszubreiten und zu entfalten, mich der Sonne entgegenzustrecken, oder steht mir etwas im Wege, behindert mich? Habe ich Schutz um mich herum, oder bin ich Wind und Wetter ausgesetzt? Kann ich blühen zu meiner eigenen Freude und zur Freude anderer? Trage ich Früchte, und wem schenke ich sie? Stehe ich einsam und allein oder stehe ich in Verbindung mit anderen? Aber wem breite ich meine Zweige aus, um ihn zu beschützen? Wo finde ich Hilfe bei Bedrohung? In welche Räume hinein bin ich verästelt.

Die Zweige, mit denen Jesus beim Einzug in Jerusalem begrüßt wird, sind Symbole des Lebens, des ewigen Lebens. Und damit wir etwas von dem Geschehen dort am Sonntag vor dem Passahfest miterleben können, möchte ich mit Ihnen zunächst einen Hosianna-Ruf üben. EG 672.5[6] -> Dann mit Zweigen den Weg zum Altar säumen und dabei den Kanon weiter singen.

In Jerusalem war damals eine riesige Menschenmenge auf der Straße. Sie waren nicht extra wegen Jesus gekommen. Nein, es war sechs Tage vor dem Passahfest. Pilger aus dem ganzen Land hatten sich auf den Weg nach Jerusalem gemacht. Es herrschte ein buntes Treiben wie auf dem Hamburger Dom oder einem überfüllten Messegelände. Händler machten das Geschäft der Saison mit Opfertieren, aber auch die Gastwirte mit der Unterbringung und Beköstigung der vielen Reisenden. Doch im Vordergrund stand die freudig erregte Feststimmung: die Erinnerung an die Befreiung aus der Sklaverei in Ägypten durch die Macht ihres Gottes. Eigentlich ist es da ein Wunder, dass die Ankunft Jesu in Jerusalem in dem großen Pilgerstrom nicht völlig unterging. Das lässt sich nur verstehen vor dem Hintergrund der Ereignisse am Vortag.

Am Tag zuvor hatte Jesus in Bethanien, einem Dorf wenig entfernt von Jerusalem, Lazarus von den Toten auferweckt. Das heißt: Jesus, der hier dem Karfreitag entgegen reitet, hat sich bereits einmal zuvor als Sieger über den Tod erwiesen. Die Juden, die es gesehen hatten, und die, die es zu hören bekamen, sahen darin auch mehr als nur die Tat eines spektakulären Wundermachers. Die Auferweckung des Lazarus ist für sie ein Zeichen für den Anbruch des messianischen Reiches. Und in der Tat, der Bericht im Johannesevangelium enthält einige Parallelen bzw. Anspielungen zur Elia-Geschichte, dem erwarteten Messias der Juden. Als Jesus an das Grab des Lazarus herantritt, lässt er den Stein von dem Eingang wegrollen. Doch er schaut nicht hinein. Er schaut zum Himmel. So wie Elia auf dem Karmel sich zum Himmel wandte, und Gott anrief, er möge sich jetzt erweisen als der Lebendige im Gegensatz zu den Götzen der Baalspriester, so bittet Jesus den Vater, sich jetzt zu erweisen als der, der Jesus gesandt hat. Erst danach geschieht das Ungeheuerliche. Erst danach ruft Jesus: "Lazarus, komm heraus." Und so, wie die Königin Isebel den Propheten Elia nach dem Gottesurteil auf dem Karmel töten lassen wollte, so beschlossen auch jetzt die Hohenpriester und Pharisäer, Jesus zu töten.

Die Menschenmenge, die Jesus zujubelt, feiert den Einzug des Messias. Sie verstehen, und sie verstehen doch nicht. Johannes berichtet bereits jetzt beim Einzug in Jerusalem, dass auch die Jünger nicht verstehen, sondern dass ihnen die Ereignisse erst nach Kreuzigung und Auferstehung klar geworden sind.

Berauscht durch die Feststimmung, überzeugt durch die Auferweckung des Lazarus rufen sie ihm begeistert zu "Hosianna". Das heißt so viel wie "Hilf uns", "rette uns", war aber wie das griechische "Kyrie eleison" längst von einem Bittruf zu einem Jubelruf geworden für den Einzug eines Königs oder eines Kaisers in seine Stadt. So sind die weiteren Ausrufe "Hosianna, gelobt sei der da kommt im Namen des Herrn, der König von Israel" Jubelrufe, mit denen Jesus als König empfangen wird, der Anfang des hereinbrechenden Gottesreiches erwartet wird, und das Ende der Römerherrschaft. Die Menschen erwarten, dass Gott seine Macht endlich vor aller Welt offenbart und alles ihm dienen wird.

Und doch - auch noch so brennende Erwartung zieht Gott nicht herbei in der Weise, wie die Menschen es wollen. Sie verstehen Jesus als Messias, aber sie verstehen seine Messianität falsch.

Doch Jesus lässt sich die Huldigung gefallen. Er widerspricht nicht und wehrt sich nicht. Er schweigt. Er spricht kein Wort. Keine Geste des Segens. Kein Gruß, kein Triumpf. Und im Grunde bleibt ihm auch gar nichts anderes übrig. Er ist ja auch in einer unhaltbaren Situation. Er kann nichts sagen, denn jedes Wort musste falsch verstanden werden. Hätte er JA gesagt zu ihrem Königsruf, sie hätten es als Bestätigung für ihr politisches Verständnis aufgefasst, und es hätte womöglich in einem Blutbad geendet, wie es die Hohenpriester befürchteten. Hätte er NEIN gesagt, so hätte er seine Sendung verraten. Aber auch sein Schweigen war missverständlich.

Erst nachdem Jesus gekreuzigt und auferstanden war, also erst nachdem die Hoffnung auf einen politischen König aus dem Hause Davids endgültig zunichte geworden war, erst mit dem Scheitern dieser Hoffnung, konnte das andere Königtum offenbar werden, das nicht von dieser Welt ist. Sie hätten es aus den Schriften der Propheten wissen können. Aber erst jetzt verstanden sie, was Jesus damit ausdrücken wollte, dass er auf einem Eselsfüllen in Jerusalem einzog. Er kam nicht hoch zu Ross, sondern auf einem Esel und verzichtete damit auf alle Insignien der Macht. Er verstand sich so, wie der Prophet Sacharja ihn geweissagt hatte. "Fürchte dich nicht, du Tochter Zion! Siehe, dein König kommt zu dir, ein Gerechter und ein Helfer, arm und reitet auf einem Esel, dem Füllen einer Eselin." Weiter sagt der Prophet von ihm: Er wird abrüsten und unter den Völkern Frieden schaffen ohne Waffen. Er ist also kein Kriegsheld, sondern ein Friedenskönig. Kein strahlender Sieger, sondern ein leidender Gottesknecht.

Die Jünger und die Festpilger haben recht, wenn sie Jesus als Messias, als Gesalbten, als König zujubeln, aber sie irren darin, wie sie sein Königtum verstehen.

Ich versuche nachzuempfinden, was Jesus wohl bei seinem Einzug in Jerusalem empfand. Ich denke mir, dass er innerlich geweint hat über die Verblendung der Menschen. Er wusste, dass sie in ihrer Hoffnung enttäuscht werden mussten. Und er sah wohl voraus, dass ihr Bekenntnis zu ihm als dem "König Israels" die Ursache seines Todes sein würde, wie es jedermann auf der Tafel über seinem Kreuz lesen konnte: "INRI - Jesus von Nazareth, König der Juden."

Die Frage nach dem Königtum Jesu, also nach seinem Messias-Sein, zieht sich wie ein roter Faden durch die ganze Passionsgeschichte. Die Anklage, mit der die Hohenpriester Jesus vor Pilatus bringen lassen, lautet: Er hat sich als König ausrufen lassen. Folgerichtig ist das die erste Frage, die Pilatus im Verhör an Jesus richtet: "Bist du der König der Juden?" Jesus antwortet darauf mit den Worten: "Mein Reich ist nicht von dieser Welt." Das heißt: Ich bin kein weltlicher König, denn sonst hätte ich Soldaten, die mich verteidigten. Mein Reich ist anders. Es beruht nicht auf Macht und Gewalt, sondern auf Glaube, Hoffnung und Liebe. Es setzt sich nicht durch, indem es andere Reiche unterdrückt, sondern indem es Menschen frei macht.

Pilatus, der nur in machtpolitischen Kategorien denken kann, begreift wohl so viel, dass Jesus kein politischer Aufrührer ist, ahnt aber auch, dass sein Reich trotzdem eine Realität darstellt. Darum setzt er das Verhör fort: "Also bist du doch ein König?" Und da bekennt Jesus frei heraus: "Ja, ich bin ein König. Ich bin dazu geboren und in die Welt gekommen, um für die Wahrheit, für die Wirklichkeit Gottes zu zeugen." Und er fügt hinzu: "Wer aus der Wahrheit ist, der hört meine Stimme". Pilatus merkt, dass damit unversehens die Rollen vertauscht werden. Es ist, als ob er jetzt vor dem Richter stünde, und geprüft werde, ob er bereit sei diese Wahrheit anzuerkennen. Aber Pilatus, dem dieser Jesus immer unheimlicher wird, weicht aus, um dieser Rolle zu entkommen, und sagt achselzuckend: "Was ist Wahrheit?"

Als Pilatus Jesus an die Soldaten übergibt, richtet sich ihr Spott gerade auf die Frage seines König-Seins, seine Messianität. Sie staffieren ihn als König aus, aber nur um ihn zu verhöhnen: Mit einer Dornenkrone, und einem roten Soldatenmantel.

Wie wäre es uns gegangen, wenn wir damals Augen- und Ohrenzeugen der Passionsgeschichte gewesen wären? Hätten wir an der Dornenkrone, an dem zum Tode verurteilten, an der Welt gescheiterten irgendetwas Königliches gesehen? Oder wären wir nicht auch bitterlich von ihm enttäuscht gewesen, weil er unsere Erwartungen nicht erfüllte? Auch das durchzieht die Evangelien wie ein roter Faden: dass die Gotteserkenntnis selbst für die Jünger nicht anders verläuft als über den Weg von Täuschung und Enttäuschung.

Nur wer in seiner Hoffnung auf den allmächtigen Gott, der alles so herrlich regieret, gescheitert ist, enttäuscht ist, nur der kann sich von dieser Täuschung frei machen, und Christus, den Gekreuzigten und Auferstandenen in den Blick bekommen als den Gott, der uns auch in der Tiefe nahe ist, der das Leiden nicht gescheut, sondern auf sich genommen hat, um es zu überwinden. Wahrlich ein König, ein König ganz anderer Art.

Predigt zu Lukas 10,25-37
am 13. Sonntag nach Trinitatis den 24.8.1997
(Der Barmherziger Samariter)

Liebe Gemeinde,

Es gibt Geschichten, die kennen wir einfach zu gut. Zu denen fällt uns einfach nichts Neues mehr ein. Und die Geschichte vom barmherzigen Samariter ist ganz gewiss so eine. Es gibt Geschichten, die haben wir wahrscheinlich schon zu oft gehört, als dass wir sie wirklich hören könnten. Die gehen uns einfach zu glatt herunter, als dass wir uns noch an ihnen stoßen könnten. Der barmherzige Samariter ist geradezu sprichwörtlich geworden, ein geflügeltes Wort. Ein Samariter - ist doch klar - das ist einer der hilft. Das wissen wir auch aus ganz weltlichen Zusammenhängen: z.B. der Arbeiter Samariterbund. Dass "Samariter" der Name eines Volksangehörigen aus Samarien ist, das ist gefühlsmäßig zweitrangig sogar bei denen, die sich in der Bibel auskennen.

Und das Schlimme ist: Man kann eigentlich gar nichts gegen diese Geschichte sagen. Sie scheint so einleuchtend, einfach und klar zu sein, dass es eigentlich gar nichts mehr dazu zu sagen gibt - außer dass ich das Gefühl habe, dass da irgendetwas nicht stimmt.

Nichts gegen diesen Samariter. Er hat seine Sache fein gemacht. Wirklich. Kommen da erst die beiden anderen vorbei, sehen diesen armen Mann, wie er da zusammengeschlagen und ausgeraubt am Wegesrand liegt - und gehen einfach vorbei. (Im Kindergottesdienst hat man mir immer erzählt, sie hätten es eilig gehabt. Der eine musste wahrscheinlich pünktlich zu einer Hochzeit und der andere hatte einen dringenden Geschäftstermin. Könnte man ja verstehen. Wer kennt das heute nicht. Eilige Menschen. Aber in der Bibel steht gar nichts von Eile, wenn wir genau nachlesen.) Also: Sie sehen den Mann und gehen weiter. Einfach so. Kann man das rechtfertigen? Nein, natürlich nicht. Klarer Fall von unterlassener Hilfeleistung. Das muss man verurteilen. Aber kommt das nicht trotzdem alle Tage vor?

Und dann kommt dieser Samariter. Der macht seine Sache wirklich gut. Aber er hat's ja auch einfacher als die anderen. Er hat nämlich ein Tier dabei - einen Esel oder ein Kamel und zufällig sogar frei, unbeladen - sozusagen auf Leerfahrt. Und offensichtlich hat er auch Zeit. Er verarztet den Verletzten so gut es geht. Er bringt ihn weg von der Landstraße, bringt ihn in einem Gasthaus unter und legt sogar die Kosten aus. Wirklich nobel, der Mann. Aber was soll mir das sagen? Jesus sagt: Gehe hin und tue das Gleiche.

Das scheint doch ganz klar zu sein. Das ist doch der Inbegriff des Christseins überhaupt - oder nicht? Doch die Geschichte trägt einen Stachel, einen Widerhaken in sich. Mir fällt auf - aus kaum einer anderen Geschichte Jesu springt uns eine Handlungsaufforderung so direkt an: Gehe hin und tue das Gleiche. Wenn du ein guter Mensch sein willst, dann musst du das und das tun. Sonst bist du schlecht. Und wir spüren den Widerspruch, dass das gar nicht immer geht. Doch die Geschichte erstickt unseren Widerspruch mit dem erhobenen moralischen Zeigefinger. Die Geschichte entzweit mich. Ich denke, ja, ja - richtig und gut. Aber nein - die Krankenhauskosten für einen Fremden bezahlen, das geht doch zu weit, jedenfalls für mich und mein Portemonnaie. Und so erscheint mir die Geschichte weit weg in einem heiligen biblischen Zwielicht.

Und doch können wir ihr nicht einfach widersprechen. Denn sie rührt tief in uns an einer Sehnsucht, dass die Welt doch so sein soll, voller Barmherzigkeit, voller Zuwendung, Hilfe und Nähe, vor allem wenn ich selbst einmal in Not bin.

Im Konfirmandenunterricht haben wir einmal versucht, die Geschichte in die Gegenwart zu übertragen. Wir stellten uns vor, wir kommen an einem Autounfall vorbei. Es gibt sichtlich Verletzte. Würden wir anhalten, wenn wir mit dem Auto da vorbeiführen. Nach dem ersten selbstverständlichen "ja" wurden die Stimmen immer nachdenklicher - vielleicht auch ehrlicher. Einer erzählte von einem rumänischen Hinterhalt, wo ein Unfall vorgetäuscht wurde, um die Helfenden zu überfallen. Also ein richtiger Hinterhalt. Wie kann man das unterscheiden. Doch als wir dann die Rollen tauschten, ...uns fragten, wie es wäre, wenn wir selbst in einem Auto eingeklemmt säßen, da war es auf einmal wieder ganz eindeutig. Natürlich müsste jeder, der vorbei käme, sofort helfen. Das muss doch selbstverständlich sein. Aus der Perspektive des Verunglückten gewinnt die Geschichte eine dramatische Qualität.

Entlarvt die Geschichte etwa, dass wir von anderen etwas erwarten, das wir selbst doch nicht bereit sind zu tun? Und wie ist es dann um unsere Menschlichkeit bestellt.

Warum hilft der Samariter dem Überfallenen? Ich vermute, dass es damals an der Straße zwischen Jerusalem und Jericho in den Bergen eher gefährlicher war als heute bei uns. Nicht unwahrscheinlich, dass die Räuberbande, die das erste Opfer ausgeraubt haben, immer noch in der Nähe herum lauern. Und was hatte dieser Samariter davon, dass er sich die ganze Mühe machte, sein Öl, seinen Wein, sein Geld drangab, um den Verwundeten zu helfen. Wie kam er überhaupt dazu.

Ein kleines Sätzchen in der Geschichte gibt Antwort darauf: "Als er ihn sah, jammerte er ihn." Der Samariter sieht hin. Die anderen sehen in ihrer Selbstverschlossenheit gar nicht hin. Der Samariter aber begegnet ihm von Angesicht zu Angesicht. Damit kommt er ihm Nahe. Damit kommt er ihm näher. Dadurch wird er sein Nächster. Am Ende der Geschichte sagt Jesus nicht: Der Überfallene ist der Nächste. Sondern er fragt umgekehrt: "Wer ist dem Überfallenen der Nächste gewesen?" Und der Schriftgelehrte antwortet ihm: "Der die Barmherzigkeit tat." Der Samariter also ist der Nächste, weil er sich auf Nähe einlässt. Und in dieser Nähe entsteht Erbarmen, entsteht Mitleid. Das Leiden des Überfallenen wird sein eigenes Leiden. Und in dieser Nähe kann er nun als Nächster gar nicht anders. Er muss helfen.

Damit will ich die Geschichte aber mitnichten romantisch verklären. Im Gegenteil. Liebe Gemeinde. Wenn wir die Geschichte wirklich ernst nehmen, wenn wir nicht in der Rolle der zuschauenden Betrachter bleiben und halbherzig bei uns selbst denken: Ja, ja, richtig aber lieber doch nicht - dann wird die Geschichte gefährlich. Und darum will ich Sie und Euch vor dieser Geschichte warnen. Hier lösen sich Grenzen auf. Die Grenzen der Persönlichkeit. Ja selbst die Grenzen zwischen den Völkern, denn die Samariter sind ja Ausländer. Aber brauchen wir nicht unsere Grenzen? Sind sie nicht lebensnotwendig? Die Geschichte ist nicht einfach nur ein moralischer Appell. Dann haben wir sie nicht in ihrer tiefe verstanden. Es heißt nicht: Du sollst deinem Nächsten helfen. Nein: Du sollst deinen Nächsten lieben! Es geht nicht nur um Hilfe, Solidarität oder

Sozialarbeit. Jesus geht es um nichts Geringeres als die Liebe. Und darum ist diese Geschichte so gefährlich.

"Liebe ist stark wie der Tod und Leidenschaft unwiderstehlich wie das Totenreich. Ihre Glut ist feurig und eine Flamme des Herrn, so dass auch viele Wasser die Liebe nicht auslöschen können." So beschreibt das Hohelied Salomos die Macht der Liebe. Sie kann Menschen verzehren. Man kann sich an ihr verbrennen. Man kann von ihr überschwemmt werden. Man kann in ihr ertrinken. Schon mancher Sozialarbeiter, in dem diese Nächstenliebe entbrannt ist, ist dadurch ausgebrannt. Diese Geschichte ist, wenn wir sie ernst nehmen, gefährlich. Sie weckt in uns die Sehnsucht nach Nähe, ja sogar nach nächster Nähe. "Der Nächste" das ist grammatisch ein Superlativ. Aber brauchen wir nicht auch Distanz. Ist Nähe bei aller Sehnsucht nicht zugleich das, wovor wir uns gleichzeitig am meisten fürchten, vor allem dann, wenn ein anderer uns wirklich nahe kommt. Wir verstehen die Geschichte vom barmherzigen Samariter oft falsch, weil wir den Zusammenhang übersehen. Es ist ein Gleichnis für das Doppelgebot der Liebe. Und Jesus sagt: Liebe deinen Nächsten *wie dich selbst*. Wer sich nicht selbst lieben kann, der kann auch andere nicht lieben. Der kann Pflichten erfüllen, der kann moralischen Appellen folgen, aber er wird dabei nicht selbst erfüllt werden sondern leer laufen. Die Schwestern um Mutter Theresa in Indien verbringen einen halben Tag mit Meditation und Gebet, mit dem Achten auf sich selbst, damit sie in der zweiten Hälfte des Tages für die Armen auf den Straßen von Kalkutta da sein können. Wer selbstlos ist, der ist sich irgendwann wirklich selbst los. Wer Gutes tun will, der muss sich auch selbst Gutes tun können. Wer in sich selbst ruht und sich seiner Grenzen sicher ist, der kann sich auch Hingeben, ohne sich selbst zu verlieren. Wer sich selbst zu einem guten Menschen machen muss, der handelt nicht aus Liebe, und wenn er noch so viel hilft. Wer sich aber selbst lieben kann, der kann auch seinen Nächsten lieben, und in jeder Begegnung mit anderen erlebt er sich als beschenkt, und das macht ihn nicht arm, sondern es macht sein Leben reich. Darum ist diese Geschichte keine moralische Forderung sondern ein Versprechen Jesu. Er sagt: Gehe hin und tue das Gleiche. Probier es einfach einmal aus, und du wirst sehen: Es macht auch dein Leben reich.

Predigt zu Matthäus 22,1-14 / Lukas 14,16-24
am 2. Sonntag nach Trinitatis am 13.6.1999
(Das Gleichnis vom großen Gastmahl)

Liebe Gemeinde!

Ich brauche Sie gar nicht darauf aufmerksam zu machen. Sie haben es beim Hören der beiden Lesungen bestimmt schon selbst gemerkt: Wir haben zwei Mal die gleiche Geschichte gehört: Das **Gleichnis vom großen Gastmahl**. Ein Mann hat Grund zum Feiern und will seine Freude durch ein großes Fest mit anderen teilen. Diejenigen, mit denen er feiern will enttäuschen ihn aber. Sie haben alle etwas anderes vor – etwas Wichtigeres, wie sie meinen. Da wird der Gastgeber zornig und schickt seine Diener aus, um andere an die Festtafel zu holen; denn der Festsaal soll voll werden. So weit sind die beiden Geschichten in den Grundzügen gleich. Doch bei Matthäus ist der Gastgeber der König, seine Knechte werden von den Geladenen nicht nur abgewiesen sondern getötet, der König überzieht die Geladenen dafür im Gegenzug mit Krieg, tötet sie und zündet ihre Städte an, ehe er an die Hecken und Zäune schicken lässt, um andere zu seinem Fest einzuladen. Warum haben Matthäus und Lukas diese Geschichte so unterschiedlich – ja fast gegensätzlich erzählt? Denn im Grunde wollen Sie doch beide das Gleiche: Sie schreiben auf, was sie von Jesus und über Jesus wissen. Und sie schreiben es auf, weil sie zum Glauben einladen wollen, zum Vertrauen auf die Güte und Leben spendende Kraft Gottes. Doch sie tun es auf sehr unterschiedliche Art. Da sind Matthäus und Lukas wie zwei ungleiche Brüder. Wahrscheinlich sind sie sich zu Lebzeiten nie persönlich begegnet. Aber ich stell mir vor, ich könnte die beiden heute zu einer Talkshow, zu einem gemeinsamen Interview heute hier zu uns in die Kirche einladen. Was sie sich gegenseitig zu sagen hätten, das könnte sich etwa so anhören:

Lukas: Lieber Matthäus, was hast du da bloß aus dem schönen Gleichnis vom großen Gastmahl gemacht?

Matthäus: Wieso?

Lukas: Jesus erzählt doch ein Gleichnis vom Himmelreich, wie es ist, wenn wir nach dem Willen und unter der Herrschaft Gottes leben.... Dass Gott uns einlädt, an seinem Tisch zu sitzen, und am Fest des Lebens Teil zu nehmen. So wie ein Gastgeber eben Gäste zu einem Festmahl einlädt. Ja, so soll auch unser ganzes Leben ein Fest sein. Klar, Jesus erzählt auch davon, wie dumm es ist, diese Einladung auszuschlagen. Aber was machst du daraus? Eine richtige Drohung! Matthäus, damit machst du den Menschen Angst – und nicht Mut. Bei dir beginnt es mit einem Hochzeitsfest, mündet dann in Mord und Totschlag und schließt in der Finsternis mit Heulen und Zähneklappern. Das kann doch nicht im Sinne Jesu sein!

Matthäus: Warum denn nicht! Wer die Chance zum Leben nicht ergreift, wer sie verpasst, der geht zum Schluss leer aus. Das kann richtig hart sein. Wenn jemand Lebensbilanz zieht, und rückblickend sagen muss: ich habe die Chance meines Lebens verpasst! Ich konnte mich einfach nicht entscheiden, oder ich war einfach nicht aufmerksam genug! Ich habe die große Liebe in meinem Leben nicht geheiratet, und eines Tages ging sie davon. Oder ich habe die Maschinen in meiner Firma nicht rechtzeitig modernisiert, und danach war ich nicht mehr konkurrenzfähig und musste Konkurs anmelden. Dann ist das bitter. Aber die großen Wendepunkte im Leben, die kommen nicht wieder. Das ist so. Entweder du triffst deine Wahl, nimmst die Einladung zum Leben an, oder du gehst leer aus.

Lukas: Ja, ich verstehe schon was du meinst. Aber ich glaube trotzdem: Gott gibt uns immer wieder von neuem eine Chance. Er lässt niemanden endgültig fallen.

Matthäus: Ja, aber die neue Chance ist nicht wieder die alte, die versäumte Chance. Die Vergangenheit kehrt nicht wieder. Das ist nicht gleich-gültig. Und auch die neue Chance musst du als solche erst einmal erkennen. Oft ist sie viel bescheidener. Du musst dich von den großen, unerfüllten Träumen verabschieden, mit deinen Versäumnissen versöhnen, bevor du bereit wirst, Ja zu sagen, zu dem Ort, an dem du jetzt bist.

Lukas: Das stimmt. Ich muss dabei an einen Alkoholiker denken, den ich lange bei mir in der Behandlung hatte. Er war Arzt wie ich. Doch je weiter seine Sucht fortschritt, desto gefährlicher wurde es, ihm Patienten anzuvertrauen, und schließlich musste er seine Praxis aufgeben. Heute ist er trocken. Er hat auch wieder Arbeit in einer Verwaltung. Aber sein Ruf als Arzt ist dahin, und sein schönes Haus musste er auch verkaufen... Vielleicht sind wir beide gar nicht so weit auseinander, und betonen nur zwei verschiedene Seiten der gleichen Medaille.

Matthäus: Es kann gut sein, dass dein Gleichnis näher dran ist, wie Jesus es 50 Jahre vor unserer Zeit erzählt hat. Aber vielleicht verstehst Du die Zuspitzungen in meinem Gleichnis besser, wenn ich dir erzähle, was damals in unserer Gemeinde passiert ist: Ich lebte und arbeitete damals in Antiochien. Da war eine große Synagoge mit einer sehr starken jüdischen Gemeinde. Wir Christen hatten damals noch die Hoffnung, alle Juden überzeugen zu können, dass Jesus der Messias ist.

Aber es war zum Verzweifeln. Bei uns wiederholten sich die gleichen heftigen Auseinandersetzungen mit den Pharisäern und Schriftgelehrten, wie schon zur Zeit Jesu. Für uns Christen war klar, dass Gott als Gastgeber des Lebens Jesus als seinen Boten geschickt hatte, um zum Fest des Lebens einzuladen, wie er es schon mit Zachäus und Levi gefeiert hatte. Beim wiederholten Erzählen des Gleichnisses in unserer Gemeinde wurde der Gastgeber zum König gesteigert und das Fest zur Hochzeit. Eine Hochzeit ist für unser Familienleben das höchste und freudigste Ereignis, das man sich denken kann. Umso mehr ist die Hochzeit des Königssohnes von unüberbietbarer Wichtigkeit für das ganze Land und Volk. Es geht nicht um irgend ein Fest sondern um **das Fest**. Und das ganze Volk Israel ist eingeladen. Aber die Pharisäer hatten die Einladung zur königlichen Hochzeit ausgeschlagen, und die Hohenpriester hatten Jesus den Knecht Gottes umgebracht, ans Kreuz schlagen lassen. Für uns war ganz klar, dass das Gleichnis so gemeint war. Und als dann im Jahre 70 der Kaiser Titus mit dem römischen Heer kam, Jerusalem in Schutt und Asche legte und den Tempel zerstörte, da deuteten wir das als die gerechte Strafe am Volk Israel für den Christusmord. Wir hatten ja auch unter dem Krieg zu leiden, und mussten irgendwie mit ihm fertig werden.

Lukas: Ah, ja. Jetzt verstehe ich dich schon besser. Du hast kein zukünftiges Heulen und Zähneklappern angedroht, sondern es war schon eingetreten. Ihr habt das Gleichnis auf die schlimme Vergangenheit bezogen. Dann bekommt das ja einen ganz anderen Sinn. Ich habe mit deiner Deutung trotzdem ganz große Schwierigkeiten. Ich glaube es einfach nicht, dass Gott die Welt durch Krieg in Ordnung bringen will, oder dass Gott mit solchen drakonischen Strafen Gerechtigkeit schaffen will.

Matthäus: Nun ja. Du musst einfach an die Sintflut zurück denken. Gott ist nicht einfach nur ein harmloser, lieber Gott. Er fordert von uns ganze Hingabe zum Leben, ungeteilte Liebe zu ihm und zu unserm Nächsten. Dann beschenkt er uns mit erfülltem Leben. Andernfalls hat das böse Konsequenzen.

Lukas: Vielleicht überlegen wir, was das Gleichnis für die Menschen heute bedeuten könnte.

Matthäus: Ich finde, die Zeit der Menschen heute hat viele Ähnlichkeiten mit unserer damals. Die Pharisäer waren damals ja auf der Suche nach gelungenem Leben. Das war die Kernfrage ihres ganzen Gesetzesstudiums: Wie kann es gutes Leben zwischen den Menschen geben, eine harmonische Gemeinschaft, Glück. Darum hielten sie die Gesetze so hoch, die das alles regeln sollten. Und sie begriffen nicht, dass sie gerade dadurch am Leben vorbei lebten. Sie hätten es einfach nur feiern müssen. Es war schon da. Sie hätten sich einfach mit Jesus und Zachäus und Levi an einen Tisch setzen müssen, und das Fest hätte beginnen können. Sie hätten sich nur mit der verkrümmten Frau über ihre Heilung zu freuen brauchen, auch wenn sie am Sabbat stattfand, und schon wäre Gemeinschaft da gewesen.

Lukas: Ich habe den Eindruck, dass die Menschen heute auch auf verrückt, verhängnisvolle Weise am Leben vorbei leben. Ich kenne kaum jemanden, der nicht darüber jammert und klagt, dass er zu wenig Zeit hat. Zuviel Hektik und Stress, aber zu wenig Zeit. Dabei sind ganze Industriebereiche darauf angelegt, dass wir Zeit sparen: Vom ICE über das Fax-Gerät bis zum Computer mit Homebanking und Internet-Anschluss. Doch je mehr Zeit wir sparen, desto weniger scheinen wir davon zu haben. Je mehr wir uns bei unserm Tun um größere Effizienz bemühen, Arbeitsvorgänge optimieren, das Tempo beschleunigen – desto flüchtiger scheint uns die Zeit, unsere kostbare *Lebenszeit* unter den Händen zu zerrinnen. Die Zeitfalle ist ein Kniff, mit der die Menschen die Welt so einrichten, dass sie sie nicht mehr erleben müssen.

Matthäus: Und genau das macht das Leben der Menschen heute so arm und unbefriedigend. Und je mehr ihre Sehnsucht nach Leben ungestillt, unbefriedigt bleibt, desto mehr flüchten sie sich in andere Süchte: Arbeitssucht, Alkoholsucht, Nikotinsucht, Drogensucht. Sucht kann selbst die Liebe verderben, weil Menschen sich unter Zeitdruck gar nicht mehr wirklich begegnen. Dabei müssten den Menschen einfach nur die Augen aufgehen - wie den Pharisäern damals - dass das Fest des Lebens schon begonnen hat – jetzt! Man muss nur mitfeiern. Man muss nur offen sein dafür – für die Zeichen des Himmels auf der Erde.

Lukas: Ja, für die modernen Menschen fällt mir auch ein modernes Gleichnis ein: Ein Manager begegnet im Urlaub einem Afrikaner, der sich am Strand mit Blick aufs Meer sonnt. Der Manager sagt zu dem Afrikaner: „Statt hier in der Sonne zu faulenzen würde ich mir an deiner Stelle ein Boot kaufen und fischen." "Ja, und dann?" fragt der Afrikaner zurück. „Wenn ich genug Geld gemacht habe, würde ich mir ein zweites Boot kaufen, und einen Fischermann einstellen." „Ja, und dann ?" „ Dann würde ich mir einen Fischkutter kaufen, oder gleich einen Hecktrawler." „Ja, und dann?" „Dann würde ich ein Fabrikschiff kaufen. Da könnte ich den Fang gleich auf See verarbeiten." „Und dann?" „Ja dann würde ich mich gemütlich in die Sonne legen und ent-spannen."

Da entgegnet ihm der Afrikaner: „Ich liege schon jetzt gemütlich in der Sonne zum Entspannen."

Matthäus: Das ist eine schöne Geschichte. Genau darum geht's. Das Fest des Lebens ist jetzt. Doch wenn wir es versäumen, verderben, daran vorbeileben – oft genug bis zum Umfallen, bis zum Infarkt, dann herrschen Heulen und Zähneklappern.

Lukas: Doch Gott schenkt uns immer wieder die Chance, neu anzufangen. Es ist nie zu spät.

Predigt über Apostelgeschichte 16,6-15
am Sonntag Sexagesimae den 3.2.2002
(Die Purpurhändlerin Lydia)

Liebe Gemeinde!

Es gibt Umbruchsituationen, in denen ich deutlich spüre, dass sich mein Leben einschneidend verändern wird, bzw. einschneidend verändern muss. Das sind Zeiten der Krise. Ich schlafe dann schlecht. Tagsüber funktioniere ich noch einigermaßen normal. Ich denke klar. Ich sehe deutlich, dass ich nicht mehr so weiter machen kann wie bisher. Ich sehe aber auch keine neuen Möglichkeiten. Und da ich das Unmögliche nicht vollbringen kann, tue ich wenigstens das Mögliche - wenn auch mit einem schleichenden Unbehagen und einer Ahnung von Sinnlosigkeit. Aber nachts, da ist das anders. Nachts wachen andere Schichten des Bewusstseins in mir auf. Das rationale Denken tritt in den Hintergrund und Irrationales nimmt sich größeren Raum - vor allem in meinen Träumen. Da ist das Unmögliche auf einmal doch möglich. Das ist befreiend und beängstigend zugleich. Auf Höhenflüge folgen Abstürze und Erdrutsche. Alles gerät ins Wanken. Daraus braut sich der Stoff für Alpträume zusammen. Ich wache dann schweißgebadet auf, liege schlaflos im Bett und frage mich, was das alles zu bedeuten hat. Eine Zeit lang habe ich Träume, an die ich mich erinnern konnte, aufgeschrieben, um sie mit einem Bekannten zu besprechen. "Du hast ja wieder fleißig Nachtarbeit geleistet", war der hintersinnige Kommentar. Aber tatsächlich: Bei Tage wieder mit dem wachen Bewusstsein des rationalen Denkens betrachtet, kam ich zuweilen auf eine hintersinnige Bedeutung der irrationalen Traumbilder. Sie wurden mir zu Wegweisern oder Warnschildern. Die entscheidenden inneren Veränderungen geschahen nicht am Tage sondern nachts.

Paulus scheint in einer ganz ähnlichen Lage zu sein. Sein bisheriger Erfolgsweg geht nicht weiter. Seit seiner Bekehrung vor Damaskus hat er mit beachtlichem Erfolg in Kleinasien den Menschen das Evangelium nahegebracht und Gemeinden gegründet. Jetzt aber kommt er nach Phrygien und Galatien - und es geht nichts mehr. Schließlich reist er weiter, Richtung Nordwesten. Er versucht, nach Bithynien am Schwarzen Meer zu gelangen. Aber das gelingt ihm auch nicht. So reist er weiter durch Mysien, bis er nach Troas kommt, dem sagenhaften Troja, einer Hafenstadt im Norden am Ägäischen Meer. Lukas, der den Bericht in der Apostelgeschichte schreibt, gibt dem Ganzen eine bemerkenswerte Deutung: Es sind nicht widrige Umstände oder gottlose Kräfte, die Paulus an seiner Arbeit hindern. Lukas schreibt: Der Heilige Geist selbst hindert Paulus daran, das Wort Gottes zu reden. Gott selbst bremst den missionarischen Eifer des Apostels. Gottes Weg mit ihm ist nicht der anhaltende und allseitige Weg des Wachstums. Gott selbst hindert die junge Kirche, sich selbst in die Hand zu nehmen. Gottes Geist ist nicht das Ergebnis menschlicher Anstrengungen. Lukas weiß, dass wirklich Neues nur dann entstehen kann, wenn das Alte nicht mehr geht. Als rückblickender Betrachter hat er freilich gut reden. Ich sehe ihn vor mir mit schmunzelndem, fast besserwisserischem Blick, sagen: Ich weiß, warum Gott Paulus auf seinem weiteren Weg in Kleinasien gehindert hat. Paulus sollte nach Europa. Sonst wäre das Christentum eine orientalische Sekte geblieben. Es sollte die alten Grenzen überwinden". Paulus selbst geht es in dieser Situation jedoch alles andere als gut. Er weiß nicht wo es langgeht. Das, was er sich vorgenommen hat geht jedenfalls nicht. Und so treibt ihn die Unruhe. Eines Nachts erscheint ihm im Traum eine Gestalt die ihm zuruft: Komm zu uns nach Mazedonien und hilf uns. Verlass die alten Grenzen. Geh neue Wege. Ganz neue Wege.

Vielleicht enthält die Geschichte auch für uns einen Fingerzeig, die wir deutlich spüren, dass auch unsere Wege in der Kirche und in der Gesellschaft mit ihrer Arbeitslosigkeit, ihren Umweltproblemen und der Verschwendung von Ressourcen nicht mehr so weiter gehen können, wie bisher... – und mit der Angst, sich auf die Menschen ausländischer Herkunft bei uns wirklich einzulassen.

Grenzüberschreitungen: Das ist das dominierende Thema unserer Geschichte. *Drei Grenzen werden hier gleichzeitig überschritten: Die Grenze nach Europa. Die Grenze zum heidnischen Tempel. Und die Grenze zwischen Männern und Frauen.*

1) Die Grenze nach Europa: Diese fast unscheinbar anmutende Stelle des Neuen Testaments ist geradezu eine Schlüsselstelle. Denn hier tritt die noch junge Bewegung der Christen heraus aus dem Kulturraum des Vorderen Orients und des Judentums in die europäische Welt. Sie trifft damit auf die Kultur des spätantiken Griechenlands. Das hat die Gestalt des Evangeliums kräftig verändert. Ganz neue Begriffe nahmen Einzug in das biblische Denken, Begriffe aus der griechischen Philosophie. Die Geschichten von Jesus und vom Weg Gottes mit seinem Volk wurden vor einem ganz neuen Hintergrund gehört und neu ausgelegt. Auch praktische Bräuche, die zur Frömmigkeitspraxis des Christentums gehörten, erfuhren tiefgreifende Veränderungen. Später in Korinth muss Paulus sich ganz neu mit der Frage auseinandersetzen, ob Christen das Fleisch essen dürfen, das von

den rituellen Schlachtungen des griechisch-römischen Kultus stammte (das sogenannte Götzenopferfleisch.) Eine solche Grenze zu überschreiten ist ein sehr einschneidender Schritt, der auch den verändert, der ihn geht. Paulus wurde von den Begegnungen mit den Menschen im europäischen Raum so sehr verändert, dass die Apostel, die in Jerusalem zurückgeblieben waren, ihn bei seiner Rückkehr nicht mehr verstanden.

Vor allem durch die Überschreitung der 2. Grenze, die zu den sog. heidnischen Völkern mit ihren Religionen, machte Paulus sich für die Daheim gebliebenen suspekt. Und die Überschreitung der dritten Grenze, die zwischen Männern und Frauen, war für die Menschen in der damaligen patriarchalen Gesellschaft nicht weniger unglaublich und unerhört.

Schauen wir uns die Begegnung zwischen Paulus und Lydia noch einmal genauer an. Paulus geht in Mazedonien zielstrebig nach Philippi, der Hauptstadt der Provinz, einer römischen Garnisonsstadt, also einer Stadt der Männer. Logisch im strategischen Konzept. Von dort aus kann man(n) am meisten Einfluss ausüben. Ich vermute, dass Paulus an der Gebetsstätte vor allem Männer erwartet hat, wie in einer Synagoge. Es kamen aber ausschließlich Frauen (um das Wort "nur" sehr bewusst zu vermeiden.) Und Paulus lässt sich auf die Frauen ein. Tja, was soll ich dazu noch viel sagen: Schön, dass selbst dieser Paulus es erfährt, was einem alles entgehen würde, wenn man nicht mit Frauen zusammenarbeitet. Ich persönlich arbeite jedenfalls sehr gerne mit Frauen zusammen, was Sie aber bitte nicht falsch verstehen mögen. Ich vermute, dass bei dieser Begegnung mit Lydia der Grundstein gelegt wird für das Umdenken des Paulus, das in seiner späteren Stellungnahme im Galaterbrief zum Ausdruck kommt: Es gibt keinen Unterschied zwischen Juden und Heiden, Sklaven und Freien, Männern und Frauen. Denn alle sind eins in Christus. (Galater 3,28)

Paulus - und wahrscheinlich nicht nur ihm -, fällt in der Gruppe der Frauen *eine* besonders auf. Sie ist gut gekleidet. Sie scheint auch reich zu sein. Ihr Name ist Lydia. Sie hört genau auf das, was Paulus zu sagen hat. "Ihr tat Gott das Herz auf" schreibt Lukas. Ich denke aber, zunächst einmal muss Paulus das Herz geöffnet worden sein. Denn bevor er angefangen hat zu reden, wird er erst einmal sorgfältig hingehört haben, was die Frauen bewegt. Denn darin liegt das Gelingen einer solchen Grenzüberschreitung, dass ich das andere, das Fremde und Neue wahrnehme, mich dafür öffne, um es in mich aufzunehmen. Paulus stellte sich nicht dahin, um eine vollmundige Predigt zu halten. Sondern, die Bibel erzählt dieses wichtige kleine Detail: Sie *setzten* sich zu den Frauen und *unterhielten* sich mit ihnen. Auch seitens der Lydia gibt es einen Grund, warum sie von dieser Begegnung besonders angetan ist. Lydia ist nämlich auch im Kreis der Frauen eine Außenseiterin. Sie ist eine Ausländerin und auch unter den Frauen kein voll anerkanntes Mitglied. Als reiche Frau ist sie zwar als Sponsorin gerne gesehen. Aber sie bleibt eine Person zweiter Klasse. Und gerade sie, die Außenseiterin, wird zur ersten Christin Europas. Sie begreift nämlich, dass das Evangelium ihr persönlich gilt. Sie hört, dass es vor Gott keine Menschen zweiter Klasse gibt. Diesem Gott will sie angehören, und darum lässt sie sich taufen. Und ihr, der Frau, gelingt etwas, was dem großen Apostel Paulus zunächst einmal verwehrt bleibt, nämlich auch Männer zu erreichen und zu bewegen.

Die Geschichte des Christentums in Europa beginnt also mit einer Frau, dieser Frau namens Lydia. Und fast so, als wollte sie überprüfen, ob das, was Paulus da sagt, auch wirklich ernst gemeint ist und nicht nur leeres Gerede, fordert Lydia die Anerkennung von ihm geradezu heraus: Wenn ihr mich als Christin anerkennt, so kommt in mein Haus und bleibt da. Zeigt, dass ich mit meiner Familie Kern der neuen Gemeinde bin, Samenkorn für das Reich Gottes. Und Paulus kommt.

Für mich ist diese alte Geschichte sehr aktuell und wegweisend für unsere Zeit. Sie ist ein Wegweiser für eine neue Gemeinschaft zwischen Männern und Frauen, aber auch zwischen den verschiedenen Völkern, Kulturen und Religionen in unserer Gesellschaft. Sie ermutigt uns, die Grenzen zu überschreiten. Sie überwindet die Berührungsängste. Die Berührungen und Begegnungen werden uns verändern, das sagt sie zweifellos auch. Aber nicht zu unserm Nachteil, sondern zu unserm Vorteil. Denn die Begegnungen machen uns an Erfahrung reich, unseren Horizont weit und unsere Gemeinschaft über Grenzen hinweg tief. Wir können lebendig erfahren: Gott liebt alle Menschen in ihrer bunten Vielfalt - unabhängig vom Ansehen der Person, des Geschlechts, der Rasse und der Volkszugehörigkeit. Da gibt es großen Reichtum und ganze Welten zu entdecken. Wo Christinnen und Christen sich auf Menschen anderer Kulturen und Religionen einlassen, da ist ihre Geschichte nicht zu Ende. Sondern sie steht vor einem neuen Anfang.

Predigt zu 1. Könige 19, 1 – 13
am 3. Sonntag der Passionszeit am 3.3.2002
(Elia unter dem Wachholder)

Liebe Gemeinde,

Was für eine dramatische Geschichte ist das, die wir heute im Alten Testament lesen. Was war geschehen? Ahab, König auf dem Thron Israels etwa 100 Jahre nach David hatte Isebel, Prinzessin der Phönizier aus Sidon geheiratet. Und als sie nun Einzug hielt im Palast in Jerusalem, da hatte sie eine große Schar von Priestern und Propheten ihrer phönizischen Götter Baal und Aschera nach Jerusalem mitgebracht. Dort lässt sie ein Heiligtum für sie bauen, und unter den Menschen in Israel finden sich immer mehr Anhänger für diesen neuen Kult mit seinen faszinierenden Fruchtbarkeitsriten. Das ermutigt Isebel zum Vormarsch gegen die Propheten Jahwes. Sie lässt sie verfolgen und umbringen. Nur Elia gelingt die Flucht. Gestärkt durch das Brot von dem nimmer endenden Mehl aus dem Krug der Witwe in Zarpat macht Elia sich schließlich auf, und fordert die 450 Baalspriester heraus und stellt sie auf die Probe. Am Berg Karmel lässt er sie einen Altar für ihren Gott Baal errichten und einen Stier für ein Opferzeremoniell herrichten. Doch an das Holz sollen sie kein Feuer legen. Elia tut derweil das gleiche. Er baut einen Altar für Jahwe, den Gott Israels, und bereitet ebenfalls ein Stieropfer vor. Dann sollen die Baalspriester ihren Gott Baal anrufen, dass er das Feuer zum Opfer entfache. Aber Baal schweigt. Siegessicher steigert Elia sich in Spott und Hohn über den toten Götzen der Baalsanhänger. Als der Tag beginnt, sich zu neigen, und die Gebete der Baalspriester immer noch unerhört geblieben sind, da ruft Elia den Gott Abrahams, Isaaks und

Israels an. Der schickt Feuer vom Himmel, das das Brandopfer, das Holz, die Steine und das Wasser verzehrt, das Elia über die Opferstätte gegossen hat. Als das Volk das sieht, fallen sie alle vor Gott nieder und rufen: Der Herr ist Gott. Der Herr allein ist Gott! Berauscht von den Wogen der Zustimmung im Volk lässt Elia die Baalspriester alle ins Kischon-Tal hinab treiben und tötet sie dort alle.

Erschüttert kehrt Ahab zu seiner Frau Isebel zurück und berichtet ihr alles, was sich zugetragen hat. Diese reagiert mit großem Zorn, sinnt nach Rache und trachtet Elia nach seinem Leben. „Morgen um diese Zeit werde ich mit dir das gleiche tun, was du mit meinen Priestern getan hast. Ich werde dich umbringen."

Nun fürchtet Elia um sein Leben. Er flieht. Er läuft, soweit seine Beine ihn tragen. Vom Karmel nach Beerscheba und von dort weiter in die Wüste, eine Tagereise weit. Erschöpft, niedergeschlagen, am Ende seiner Kräfte lässt er sich im Schatten unter einem Wacholder nieder. Er ist verzagt, nein - mehr noch - verzweifelt. Er wünscht sich nur noch eins. Er will sterben. „Es ist genug", sagt er. „So nimm nun, Herr, meine Seele."

So kennen wir ihn gar nicht, diesen wackeren Gottesstreiter. Eben noch so unerschrocken im Kampf gegen die falschen Götzen, die falschen Priester, ja unerschrocken auch gegenüber dem Machtmissbrauch durch den König und seine Königin. Und nun so tief verzagt, ein Häuflein Elend, müde, ja lebensmüde. Es ist genug... Es ist genug...

Zivilcourage ist eine hohe Tugend. Ich predige sie gerne. Aber - das Wort sagt es schon - sie kostet Mut, großen Mut. Und sie kann auch gefährlich sein. Elia, als Staatsfeind verfolgt, vom Tode bedroht,... dafür dass er für die Wahrheit eingetreten ist.

Er erinnert mich an einen Wirtschaftsfahnder, der vor einiger Zeit die Hauptrolle in einem Tatort Krimi im Fernsehen spielte. Er war Machenschaften in einer Aktiengesellschaft auf der Spur. Schließlich hatte er Beweise dafür, dass ein Vorstandsmitglied sogenanntes Insiderwissen an einen Aktienhändler verkaufte, der durch geschickte An- und Verkäufe ein Vermögen von seinen Opfern ergaunerte. Als der Fahnder den Informantenring hochgehen lässt, stürzt der Aktienkurs in die Tiefe und reißt sogar den DAX spürbar mit nach unten. Da setzt das enttarnte Vorstandsmitglied zwei Killer auf den Fahnder an. Sie spüren ihm nach. Sie lassen ihn nicht aus den Augen. Tag und Nacht sitzen sie in ihren abgestellten Autos vor seinem Haus und suchen nach einer passenden Gelegenheit, um ihn ab-zuknallen. Schlaflos sieht man ihn im Bett liegen, voll Unruhe erfüllt, schweißgebadet. Er steht auf, geht um-her, legt sich wieder, wälzt sich von einer Seite auf die andere. „Warum habe ich das bloß getan?" fragt er sich. War das die Sache wert? War das mein Leben wert? Und was hat es genützt? Hat denn Gerechtigkeit keine Chance? Das Böse scheint übermächtig.

Ich muss dabei auch an die Widerstandskämpfer um Schenk von Stauffenberg denken, deren Attentat auf Hitler am 20. Juli 1944 missglückte, und die dafür – scheinbar sinnlos - mit ihrem Leben bezahlt haben. Ich muss auch denken an Nelson Mandela, Beyers-Naudé, Desmond Tutu, die im Widerstand gegen das Apart-heidsystem ihr Leben riskierten, sowie an Steve Biko und Chris Hani, die ihr Leben verloren.

War das die Sache wert? War das mein Leben wert? Es gibt Menschen, für die stellt sich diese Frage so nicht. Die können einfach nicht anders, als sich mit allem was sie sind und haben in den Dienst der Wahrheit und der

Gerechtigkeit zu stellen. Die Bibel nennt sie „Propheten".

Elia legt sich unter einen Wacholder und wünscht sich zu sterben... nicht durch die Hand der Isebel, und nicht durch die eigene Hand. Er möchte, dass **Gott** ihn aus diesem Leben nimmt. Er will sich selbst und Gott soll ihn nur als Sieger im Leben kennen, als erfolgreiches Werkzeug und mutigen Knecht, aber nicht als den, der immer wieder verzagt ist, sich auch fürchtet und dessen Mut und Zutrauen neu entfacht werden müssen. „Es ist genug. So nimm nun, Herr, meine Seele. Ich bin nicht besser als meine Väter."

Warum sollte er auch besser sein als seine Väter? Sprechen da gar Skrupel aus ihm über das Massaker, das er unter den Baalspriestern angerichtet hat? Erschöpft schläft Elia ein...

Doch Gott lässt Elia nicht allein. Er hilft ihm auf, wenn auch anders, als Elia es sich wünscht. Und siehe, ein Engel rührt ihn an und spricht: "Steh auf und iss!" Was für ein Wort! Steh auf und iss! Das ist keine Durchhalteparole, welche die Resignation nicht wahrhaben und nicht zulassen will. Elia soll nicht aufstehen und sich gleich wieder anstrengen und überfordern. Nein, seine Erschöpfung, seine Mutlosigkeit darf sein. Jetzt ist erst mal genug. Steh auf und iss! Gott will ihn erst einmal stärken. Elia soll nichts tragen, was er nicht tragen kann. Gott legt uns Lasten auf, aber er hilft uns auch, sagt der Psalm 68. Elia sieht sich um, und neben sich findet er ein geröstetes Brot und einen Krug mit Wasser. Er stärkt sich und legt sich wieder schlafen. Und ein zweites Mal kommt der Engel Gottes, rührt ihn an und spricht zu ihm: „Steh auf und iss! Denn du hast einen weiten Weg vor dir." Gott hat noch viel vor mit Elia, einen weiten Weg, einen schweren Weg, aber er rüstet ihn auch zu für diesen Weg. In dem großartigen Elias Oratorium von Felix Mendelssohn Bartholdy ertönt an dieser Stelle wie ein lieblicher Engelgesang der Psalm 121. *„Hebe deine Augen auf zu den Bergen, von welchen dir Hilfe kommt. Deine Hilfe kommt vom Herrn, der Himmel und Erde gemacht hat. ER wird deinen Fuß nicht gleiten lassen, und der dich behütet schläft nicht. Siehe, der Hüter Israels schläft und schlummert nicht. Wenn du mitten in Angst wandelst, so erquickt er dich.* Elia soll sich nicht auf sich selbst verlassen. Er soll auch nicht das Geschick der Weltgeschichte selbst in die Hand nehmen. Er ist nicht selbst der Allmächtige, sondern nur sein Diener. Das darf er nicht verwechseln. Bei aller Nähe gibt es da doch einen unendlichen großen Unterschied.

Elia steht auf, isst und trinkt... und durch die Kraft der Speise – so heißt es in der Bibel weiter – und durch die Kraft der Speise geht er vierzig Tage und vierzig Nächte bis zum Berg Gottes, dem Horeb. Dort findet er eine Höhle, in der er über Nacht bleiben kann. Und in der Nacht... Vielleicht ist die Nacht, die Stunde der Träume, die Zeit, wo unsere Seele am weitesten offen ist für Gott. In der Nacht hört Elia die Stimme Gottes – nicht mehr nur die Stimme eines Engels. Und Gott fragt ihn: „Elia, was machst du hier?" Und nun bricht die ganze Klage aus Elia heraus: „O, Herr, ich arbeite vergeblich und bringe meine Kraft umsonst und unnütz zu. Ach, lass doch den Himmel zerreißen und herabfallen. Lass die Berge zerfließen, damit deine Feinde vor dir zittern müssen durch die Wunder, die du tust. Warum lässt du sie von deinen Wegen irren und ihr Herz verstocken? Israel hat deinen Bund verlassen und deine Altäre zerbrochen. Sie haben deine Propheten mit dem Schwert getötet und ich bin alleine übriggeblieben. Jetzt trachten sie danach, auch mir das Leben zu nehmen. Ach, dass doch meine Seele stürbe."

Felix Mendelssohn Bartholdy malt diese Begegnung noch weiter aus. Er lässt eine Engelsstimme erklingen, die singt: Sei stille dem Herrn und warte auf ihn; der wird dir geben, was dein Herz wünscht. Befiehl ihm deine Wege und hoffe auf ihn. Steh ab vom Zorn und lass deinen Grimm. Wer bis an das Ende beharrt, der wird selig.

Das ist kein Aufruf, die Hände untätig in den Schoß zu legen. Aber es ist der Aufruf, den Menschen Mensch sein und Gott Gott sein zu lassen. Wie im Buch Hiob kommt es an dem Punkt tiefster Verzweiflung zu einer ergreifenden Gottesbegegnung. Erneut ertönt die Gottesstimme und sagt: „Gehe hinaus und tritt auf den Berg vor den Herrn, denn seine Herrlichkeit erscheint über dir! Verhülle dein Antlitz, denn Gott wird vorübergehen."

Und es kommt ein großer, starker Wind vor Gott her, der die Berge zerreißt und die Felsen zerbricht. Aber Gott ist nicht in dem Wind. Und nach dem Wind kommt ein großes Erdbeben, aber Gott ist nicht in dem Erdbeben. Und nach dem Erdbeben kommt ein großes Feuer. Aber Gott ist auch nicht in dem Feuer. Und nach dem Feuer kommt ein stilles, sanftes Sausen. Als Elia das hört, verhüllt er sein Gesicht mit seinem Mantel und tritt vor die Höhle. Und über ihm stehen die Seraphim, die Engel des Himmels und rufen einander zu: „Heilig, heilig, heilig ist Gott, der Herr Zebaoth. Alle Lande sind seiner Ehre voll."

Es macht vielfältigen Sinn, uns heute in der Passionszeit Elia vor Augen zu halten. Nach Mose ist Elia mit seiner Gottesbegegnung einer der großen Mittler zwischen den Menschen und Gott. Im Judentum ist Elia bis heute der erwartete Messias. Mit der Leidensgeschichte des Elia steht uns auch ganz unmittelbar die Passionsgeschichte Jesu vor Augen. „Steh auf und iss!" Ist das nicht auch für uns die Einladung Gottes zu seinem Abendmahl? „Heilig, heilig, heilig..." so singen auch wir am Tisch des Herrn, wenn unsere Stimmen sich mit den Stimmen der Engel vereinen und Himmel und Erde sich berühren.

Steh auf und iss! Ist das nicht auch für jeden von uns eine großartige Einladung, sich bei Gott zu stärken, Kraft zu empfangen für die Lasten, die jeder und jede einzelne von uns zu tragen hat.

Elia stand auf und aß und trank. Und er ging durch die Kraft der Speise vierzig Tage und vierzig Nächte bis zum Berg Gottes, dem Horeb. Und wohin mögen unsere Wege uns führen?

Predigt über Lukas 6,36-42
am 4. Sonntag nach Trinitatis den 13.7.2003
(Splitter im anderen und Balken im eigenen Auge)

Liebe Gemeinde,

Wir sind entlarvt. Wir sind erkannt, durchschaut. Unser Predigttext legt sie bloß, unsere Lust, uns über andere zu erheben, sie zu beurteilen. Wir sind entlarvt mit unserer Sucht, andere im Handumdrehen zu verurteilen. Und wir sind erkannt mit allen Versuchen, uns abzusichern gegen die Urteile unserer Mitmenschen, und zwar meistens auf deren Kosten. Darum warnt Jesus uns mit dem Wort: „Richtet nicht, so werdet auch ihr nicht gerichtet." Wie leicht reden wir unüberlegt, abfällig über den Menschen neben uns! Wir schauen auf ihn herab, mitleidig, ungeduldig, selbstgerecht. Und welchen Gewinn haben wir davon? Es steigert unser Selbstwertgefühl: dass wir nicht so dämlich, einfältig oder beschränkt sind. Wir bestätigen damit unser Selbstbild, dass wir etwas Besseres sind – bessere Menschen. Wir nehmen damit dem anderen die Unbefangenheit, die Lebensfreude. Wir behindern ihn in seiner Lebensentfaltung. Aber wir zahlen dafür auch selbst einen hohen Preis. Wenn wir andere belauern, um ihnen ihre Fehler nachzuweisen, dann müssen wir genauso viel Energie darauf verwenden, unsere eigenen Fehler zu verstecken. Unsere Unbarmherzigkeit schlägt auf uns selbst zurück. Sie verdirbt auch unsere eigene Unbefangenheit und Lebensfreude. Sie behindert auch die eigene Lebensentfaltung. Wir geraten in eine wechselseitige Abhängigkeit, der wir dann kaum noch entkommen können. Sie reißt uns in einen selbstverschuldeten Strudel. Wir stellen uns damit selbst eine Falle. Sobald wir anklagend und richtend mit unserm Zeigefinger auf andere zeigen, übersehen wir meistens, dass drei Finger unserer Hand jedes Mal auf uns selbst zeigen. „Was siehst du den Splitter im Auge deines Bruders und nimmst den Balken in deinem eigenen Auge nicht wahr?" fragt Jesus weiter.

Selbst der große König David war davon nicht frei. Das 2. Buch Samuel im Alten Testament erzählt von ihm folgende Geschichte: An einem schönen Nachmittag im Frühling stand David von der Mittagsruhe auf und ging hinaus auf die Terrasse vor seinem Palast. Da sah er unten am Fluss einer hübschen Frau beim Baden zu. Ihre Gestalt entzückte ihn und weckte in ihm seine Lust. Als mächtiger König war er es inzwischen gewohnt, alles zu bekommen, was er sich wünschte. Denn sein Wunsch war anderen ein Befehl. Also schickte er einen Diener, zu erkunden, wer die Frau sei, und ließ sie zu sich bringen. Sie kam und David „wohnte ihr bei...", so die Worte, mit denen Martin Luther die erotische Begegnung diskret umschreibt. Und die Begegnung hat eine Konsequenz, die eigentlich gar nicht so über-raschend ist. Die Frau namens Bathseba wird schwanger und lässt diesen Umstand David melden. Nun auf ein-mal gerät David in die Bredouille und ihm dämmert, dass er, der als oberster Herrscher und Richter im Lande doch immer Recht hat, nun doch im Unrecht sei. Denn über ihm stand ja doch immerhin das Gottesrecht – die zehn Gebote und das ganze Gesetz Mose. Nun versucht David sich aus der Affäre zu ziehen und sein Unrecht zu vertuschen. Uria, der Ehemann der Bathseba, steht als Soldat gerade mit dem Heer im Kampf gegen ein Nachbarvolk. Also kommt er unter diesen Umständen für die Schwangerschaft nicht in Frage. Darum schickt David einen Befehl an seinen Feldherrn Joab, und lässt Uria nach Jerusalem zurückholen. Nachdem David sich bei ihm nach dem Stand der Belagerung erkundigt hat, schickt er ihn fort mit den Worten: „Geh jetzt nach Hause zu deiner Frau und ruh dich aus." Uria hält sich jedoch an das Kriegsrecht, das Soldaten im Krieg Enthaltsamkeit auferlegt, und übernachtet bei den Wachsoldaten am Eingang des Palastes: „Mein Feldherr Joab und seine Offiziere lagern auf dem bloßen Boden. Wie kann ich da nach Hause gehen, essen und trinken und mit meiner Frau schlafen?" gibt er zur Erklärung. Nachdem der erste Versuch fehlgeschlagen war, hält David ihn noch einen Tag fest, lädt ihn am nächsten Abend zu einem großen Festgelage ein und macht ihn betrunken. Doch auch in der Trunkenheit bleibt Uria standhaft. Also beschließt David, ihn zu beseitigen. Er gibt Joab den Befehl, Uria in die erste Kampfreihe zu stellen, wo der Kampf am heftigsten tobt, und sich dann plötzlich zurück zu ziehen, damit Uria erschlagen wird. Joab befolgt den Befehl, und Uria kommt um, ohne dass sich jemand die Hände schmutzig machen musste... jedenfalls nicht direkt. Jetzt ist Bathseba frei. David heiratet sie und gliedert sie in seinen großen Harem ein.

Ich habe mit Konfirmanden diskutiert, ob das nun ein Mord war oder nicht? Schließlich haben weder David noch Joab Uria getötet. Aber es lässt sich nicht bestreiten, dass David erst das sechste Gebot: Du sollst nicht Ehe brechen! und dann das fünfte Gebot: Du sollst nicht töten! gebrochen hat.

Wer aber könnte in einem Königtum über dem König Gericht halten, da der König doch oberster Herrscher und Richter zugleich ist. Von Konfirmanden bekomme ich nach einer Weile der Ratlosigkeit dann manchmal zögernd die Antwort: Gott. Gott könnte doch über David richten. Obwohl sie sich dann doch nicht so recht vorstellen können, wie Gott das vom Himmel aus bewerkstelligen könnte??? Mit einer Stimme aus einer Wolke, oder einem Schwert aus dem Nichts?

Nein, Gott macht das anders. Er schickt seinen Propheten Nathan zu David, der ihm erklärt: „Ich habe dir einen Rechtsfall vorzutragen." Und dann beginnt er: „Zwei Männer lebten in derselben Stadt. Der eine war reich, der andere arm. Der Reiche besaß viele Schafe und Rinder. Der Arme hatte nur ein einziges Lamm. Er hatte es sich gekauft und zog es zusammen mit seinen eigenen Kindern auf. Es aß von seinem Teller, trank aus seinem Becher und schlief in seinem Schoß. Er hielt es wie eine Tochter. Eines Tages bekam der Reiche Besuch. Er wollte aber keines von seinen eigenen Schafen oder Rindern für den Gast schlachten. Da nahm er dem Armen das Lamm weg und setzte es seinem Gast vor."

Als David diese Geschichte hörte, da packte ihn die Wut. Ohne zu Zögern rief er sein Urteil: „So wahr Gott lebt: Dieser Mann muss sterben! Und das Lamm muss er vierfach ersetzen. Wie konnte er nur so ein Unrecht tun? Da entgegnete ihm Nathan: „Du bist dieser Mann!" und David erkannte sein eigenes Unrecht wie in einem Spiegel.

Ja oft ist es so, dass wir an anderen ihre Fehler viel besser erkennen und verurteilen. Die eigenen Fehler dagegen wollen wir nicht wahrhaben. Wir nehmen sie gar nicht erst wahr. Wir verleugnen sie, oft ganz unbewusst. Oder wir halten sie bei uns selbst für nicht so schlimm. Steuern hinterziehen? Wieso, das macht doch jeder.

Manchmal ist es noch verdrehter: Eigentlich weiß ich um meine Fehler, und ich bin auch ernsthaft bemüht, sie zu überwinden. Aber es fällt mir doch reichlich schwer. Aber wenn ich dann jemanden anderes sehe, der etwas tut, was ich mir selbst nicht erlauben will, dann muss ich es mit aller Macht bekämpfen.

Zum Zusammenhang zwischen dem Splitter und dem Balken habe ich das folgende Gedicht gefunden:

Du siehst in die Augen des anderen
du zeigst auf den Schmutz in seinen Augen
schreist ihn an, wie er so nur rumlaufen könne
verstehst nicht wieso er nicht einsichtig ist
warum er sich nicht die Augen wäscht
um dich mit klaren Blicken zu betrachten

Du bist es
es ist dein Spiegelbild
was du in den Augen des anderen siehst
dein Schmutz der sich im anderen widerspiegelt
wasch erst deine Augen
erkenne erst dein eigenen Schmutz

Die Dinge die du an dir selber hasst
wirfst du anderen vor
wenn du sie an ihnen bemerkst
deutest auf ein Sandkorn und schreist:
"Sieh da, du schlechter Mensch!"
der Fels auf deinem Rücken wird schwer

Die Projektion deiner selbst
überzeichnet deine Umwelt
verzerrt deine Wahrnehmung
macht dich selber klein
lässt deinen Blick für dich selber verlieren
und du kämpfst nur gegen Schatten
... deinen eigenen Schatten.[7]

„Richtet nicht, damit ihr auch nicht gerichtet werdet." Damit will Jesus uns nicht davon abhalten, Unrecht beim Namen zu nennen. Keineswegs. Wir sollen nicht das Recht außer Kraft setzen, und Unrecht recht heißen. Aber: wenn wir an uns selbst die gleichen Maßstäbe anlegen wie an andere, und uns selbst auch wirklich selbstkritisch wahrnehmen (und das ist ja gar nicht so einfach!)... aber wenn uns das gelingt, dann werden wir ganz von alleine viel barmherziger in unseren Urteilen.

Predigt zu Matthäus 21, 28 – 32 am 11. Sonntag. nach Trinitatis den 6.8.2005
(Das Gleichnis von den ungleichen Söhnen)

Liebe Gemeinde,

Renate ist Erzieherin in einem Kindergarten. Sie ist sehr freundlich, engagiert und hilfsbereit. Die Kinder lieben sie, und auch bei den Eltern und Kolleginnen ist sie sehr beliebt. Sie hat nur eine kleine Schwäche. Sie kann nicht „Nein" sagen. Sie ist vielmehr darauf bedacht, es jedem recht zu machen. Vor den Schulferien war im Kindergarten Sommerfest. Auf einer Mitarbeiterbesprechung wurden die Vorbereitungen getroffen und die Besorgungen verabredet. Wer macht den Entwurf für die Plakate? Renate. Jede Mitarbeiterin besorgt die Dinge für die eigenen Spielstände. Aber die Dekoration, Krepppapier für Girlanden und Luftballons, könnte doch gemeinsam eingekauft werden. Wer macht das? Renate. Alle schauen sie dankbar an. Renate hat einen langen Erledigungszettel. Ihrer alternden Mutter hat sie auch noch versprochen, Kleider zur Reinigung zu bringen und mit dem Ausfüllen von Formularen zu helfen. Als Renate am Samstagmorgen in die Stadt aufbrechen will, klingelt es an ihrer Haustür. Es ist Sabine, eine Freundin, die sie nur selten sieht. „Ach, das ist ja eine Überraschung", sagt sie zur Begrüßung, „Wir haben uns ja ewig nicht gesehen." „Ich war gerade in der Gegend und dachte, ich schau mal ganz spontan vorbei", erwidert die Freundin. „Das find ich ja sehr nett. Ich bin zwar etwas in Eile. Aber eine Tasse Kaffee trinkst du doch bestimmt." Renate geht in die Küche und setzt den Kaffee auf. Mit einer knappen Stunde Verspätung sitzt sie schließlich im Auto auf dem Weg in die Stadt. Würstchen, Ketchup, Senf, Toastbrot, Pappteller und

Plastikgabeln... und, und, und. Als sie auf die Uhr schaut, ist es schon zwanzig vor zwei. Um halb zwei waren sie im Kindergarten verabredet. Die Luftballons und das Krepppapier für die Girlanden fehlen noch. Aber dafür ist es jetzt zu spät. Das schafft sie nicht mehr. Mit hoch rotem Kopf und rasendem Herzen eilt sie in den Kindergarten. „Renate, wo bleibst du denn?" fragen die Kolleginnen ungeduldig. Und wo sind die Sachen für die Deko? Die Kolleginnen sind enttäuscht. Was machen wir denn jetzt bloß. Carmen findet in der Abstellkammer noch ein paar Reste vom vergangenen Jahr. Es wird improvisiert. Es geht auch so. Aber es ist nicht halb so schön, wie man es sich vorgestellt hat. Keiner macht Renate Vorwürfe. Aber unausgesprochen steht die Frage im Raum: Kann man sich eigentlich auf Renate verlassen? Und Renate fühlt sich während des gesamten Sommerfestes ziemlich elend.

Christine Schulz geht es ganz anders. Sie arbeitet im selben Kindergarten, rangiert auf der Beliebtheitsskala aber ganz unten. Es fällt ihr schwer, sich auf andere ein-zulassen. In der Mitarbeiterbesprechung muss man sie direkt ansprechen und dazu auffordern, dass sie eine Aufgabe übernimmt. Wenn Eltern mit einer Forderung oder einem Wunsch an sie herantreten, dann sagt sie erst einmal „Nein." _Immer._ „Können wir nicht einmal einen Elternabend machen?" „Nein" „Wir könnten doch mal ein Kinderfest mit Puppentheater machen." „Nein." „Ich schlage einen Ausflug mit den Kindern zur Feuer-wache oder zum Bahnhof vor." „Nein." Viele Eltern beschweren sich bei der Kindergartenleiterin über Christine. „Frau Schulz ist immer so unfreundlich und abweisend." „Frau Schulz verweigert sich ständig. Wir erwarten von ihr doch keine Wunder sondern eigentlich nur Selbstverständliches." „Frau Schulz ist immer so schroff im Ton. So mag ich mich von einer Erzieherin nicht herunterputzen lassen." „Geht Frau Schulz mit unseren Kindern auch so um?" Die Kindergartenleiterin hat ihre liebe Mühe mit den vielen Klagen, und mit Christine muss sie die meisten Schlichtungsgespräche führen, um zwischen ihr und den Eltern einen Kompromiss zu erzielen. Letztes Jahr kam Frau Hofmann, die Mutter von Tim mit einem Vorschlag zu ihr. „Wir Eltern würden gerne für das Martinsfest mit den Kindern gemeinsam Laternen im Kindergarten basteln." Die Antwort war, wie könnte es anders sein: „Nein... Das macht zu viel Arbeit. Es verursacht Überstunden. Außerdem würden ja sowieso die Eltern die eigentliche Bastelarbeit machen, weil das für die Kinder viel zu schwierig ist. Warum man das denn nicht zu Hause machen könnte." Frau Hofmann ging enttäuscht wieder nach Hause. Drei Tage später spricht Christine Frau Hofmann erneut an, als sie Tim aus dem Kindergarten abholen will. „Wissen Sie, Frau Hofmann, ich habe mir das mit dem Laternenbasteln noch einmal durch den Kopf gehen lassen. Ich glaube, es wäre doch ganz schön, wenn wir so einen Bastelnachmittag für Eltern und Kinder machen. Dabei können wir klönen, und es entsteht mehr Gemeinschaft auch zwischen den Eltern untereinander." Frau Hofmann freut sich über die Zusage und hilft Christine bei der Besorgung des Materials.

Liebe Gemeinde! Ich habe Ihnen da zwei Menschen vor Augen gestellt, die kaum unterschiedlicher sein könnten. Sie erinnern mich sehr stark an das Gleichnis Jesu von den ungleichen Söhnen, das uns der heutige Predigttext vor Augen hält. „Ein Mann hatte zwei Söhne. Er ging zum ersten und sprach: Mein Sohn, gehe hin und arbeite heute in meinem Weinberg. Der antwortete: Ja, Vater. Er ging aber nicht hin. Der Vater ging auch zu dem anderen Sohn, und forderte ihn auf, im Weinberg zu arbeiten. Der aber antwortete: Nein, ich will es nicht tun. Nachher bereute er es, und ging doch in den Weinberg. Was meint ihr, wer von den beiden hat den Willen des Vaters getan?" Und die umstehenden Pharisäer antworten: Der zweite. Und Jesus gibt ihnen Recht.

Auf den ersten Blick scheint die Antwort einzuleuchten. Denn schließlich ist der zweite Sohn derjenige, der tatsächlich in den Weinberg geht. Er ist es, der den Willen des Vaters in die Tat umsetzt. Trotzdem provoziert mich dieses Gleichnis, und ich bin nicht wirklich damit einverstanden. Das liegt vermutlich auch daran, dass ich eine ganze Menge von Renate auch bei mir wieder gefunden habe. Vielleicht geht es Ihnen genauso wie mir. Oder vielleicht finden Sie sich eher in Christine wieder. Ich jedenfalls neige auch dazu, eher Ja zu sagen als Nein, wie übrigens die Mehrzahl der Mitarbeitenden im kirchlichen Dienst. Das ist so etwas wie eine Berufskrankheit. Andere sagen, Menschen, die so gestrickt sind, sind nun einmal eher geneigt, in kirchliche und soziale Berufe zu gehen. Also finde ich mich durchaus in vertrauter Gesellschaft wieder. Vielen Kolleginnen und Kollegen ist die Schwierigkeit wohl vertraut, sich genügend abzugrenzen. Und Menschen wie Christine sind uns gemeinsam unsympathisch. Und ausgerechnet die soll Jesus für uns zum Vorbild gewählt haben? Das kann doch nicht sein ernst sein. Das will ich mir so nicht sagen lassen.

Sagen Sie doch mal ehrlich: Es stimmt doch mit beiden etwas nicht. Ist Nein sagen und Ja tun nicht genauso schräge und unstimmig, wie umgekehrt. Genauso unberechenbar und unzuverlässig. Ja sagen und es auch tun... oder Nein sagen und es auch lassen. Das wäre doch gradlinig, stimmig und deshalb auch vorbildhaft.

Ich vermute, Jesus würde mir da auch zustimmen. Aber bei seinem Gleichnis müssen wir den Erzählzusammenhang beachten. Jesus hält dieses Gleichnis den Pharisäern und Schriftgelehrten vor Augen, also den Menschen, die zur Zeit Jesu besonders darauf bedacht waren, gute Menschen zu sein. Und Jesus beschuldigt sie des Hochmuts und der Heuchelei. Sie sind es, die Ja sagen zum Gesetz des Mose, es aber doch nicht tun. Zöllner und Huren aber, die Reue zeigen und umkehren, die zunächst nein sagen zu Gottes Willen, ihn dann aber doch tun, kommen eher in das Reich Gottes als die selbstgerechten Pharisäer. Um die Selbstgerechtigkeit der Pharisäer geht es also in unserem Gleichnis. Darüber lässt sich trefflich herziehen, und darüber haben sie wahrscheinlich schon viele, viele Predigten gehört, so dass ich das nicht weiter ausführen muss.

Aber, mir dämmert etwas: haben Renate und ich, die Gutmenschen von heute, nicht tatsächlich etwas von den Pharisäern von damals an uns? Gewiss, wir wollen nicht bewusst heucheln. Aber missachten wir nicht viel zu oft unsere Grenzen. Täuschen wir uns mit einem gesagten Ja nicht viel zu oft über unsere tatsächlichen Möglichkeiten und verursachen dadurch Enttäuschungen, weil wir nicht halten können, was wir versprechen. Ein Sprichwort sagt: Ein Schelm ist, wer mehr verspricht, als er hält.

Das Gleichnis Jesu ist ein Gleichnis vom Reich Gottes. Dabei geht mir noch ein Vergleich auf: Ist es nicht wirklich so, dass mehr vom Reich Gottes und seinem Geist auf dem Bastelnachmittag für das Martinsfest von Christine gegenwärtig ist, als auf dem undekorierten Sommerfest von Renate? Renates Herzklopfen sind jedenfalls bis zum Schluss nicht zum Stillstand gekommen. Christine dagegen verbrachte einen wirklich gelungenen Bastelnachmittag in fröhlicher Atmosphäre.

Das Dritte, was mir das Gleichnis sagt, ist: Wir, die wir so verschieden sind, müssen einander nicht bekämpfen. Im Gegenteil: Wir dürfen und können sogar voneinander lernen. Ich bin geneigt, Christine, die mir in ihrer Art so fremd und unsympathisch ist, zu verurteilen. So wie damals die Pharisäer die Zöllner und Sünder verurteilten. Aber ist es nicht so, dass ich mir vielmehr bei Christine eine Scheibe abschneiden sollte? Denn sie hat etwas, das mir fehlt: nämlich die Fähigkeit, Nein zu sagen. Und wenn es uns gelänge, voneinander zu lernen, dann könnten wir dahin kommen, Menschen zu werden, die Ja meinen, wenn sie Ja sagen, und es auch tun und die Nein meinen, wenn sie nein sagen, und es auch nicht tun. Dann könnten wir in Frieden leben, miteinander und mit uns selbst.

C. PREDIGTEN ZU CHRISTUSFESTEN

Weihnachtspredigt zu Lukas 2, 1–20 am 24.12.2006

Liebe Gemeinde!

Weihnachten, die Heilige Nacht, feiern wir heute. Und das ist die Botschaft für heute: *"Jesus Christus ist geboren"*. Nicht mehr und nicht weniger. "Jesus Christus ist geboren": Das ist die ganze Weihnachtsbotschaft. Und nachdem das gesagt ist, könnte ich eigentlich die Bibel zuklappen und von der Kanzel herabsteigen. Ja, - denn damit ist doch eigentlich alles gesagt ...

Und wissen Sie, ich bin in Gedanken wirklich von der Kanzel gestiegen, habe das Kind in der Krippe nach dem Satz *"Jesus ist geboren"* hinter mir gelassen - und auch den feierlich glänzenden Tannenbaum und die schönen alten Weihnachtslieder, und bin in Gedanken durch unsere Gemeinde gegangen, durch Oststeinbek. Und in meinem Kopf kreiste immer wieder der Gedanke "Jesus Christus ist geboren". Ich ging durch unsere Straßen, und ich sah die glänzenden Kinderaugen heute Nachmittag; an die vielen, die sich so sehr auf die Bescherung freuten und auf die Festtage, wo Vater und Mutter zu Hause sind. Ich sah eine alte Frau, die da in ihrem Wohnzimmer sitzt. Ein wenig verwirrt ist sie. Sie weiß nicht mehr genau, was sie sagt und tut. Die anderen sind bei ihr und wollen ihr helfen... "Jesus ist geboren", denke ich. Was mag dieser Satz der alten Frau bedeuten und den anderen, die ihr helfen wollen.

Ich gehe weiter und komme zu den Häusern, in denen es gar nicht festlich und weihnachtlich ist. Sicher, auch da gibt es einen Tannenbaum, oder wenigstens ein paar geschmückte Zweige, und ein Gesteck auf dem Tisch. Hier wohnen Menschen, die trauern, die einen lieben Angehörigen verloren haben. Letztes Jahr noch, da feierte man gemeinsam Weihnachten - da füllten Freude und Lachen die Zimmer - nun ist Leere und Trauer geblieben, die heute besonders schmerzlich zu spüren ist. Ich sage den Satz "Jesus ist geboren" vor mich hin — Was mögen diese traurigen Menschen dazu empfinden? Weiter geht mein Weg durch die Straßen. Durch die Fenster glänzen die Kerzen an den Christbäumen. Durch ein Fenster kann man die Eheleute sehen. Sie beschimpfen sich. Die Kinder haben Angst... - Da ist nichts mehr vom Fest der Liebe und der Wärme, nur noch Angst vor bösen Worten und Schlägen. Und durch das nächste Fenster sehen wir ein weinendes Kind. Den Grund seiner Tränen kennen wir nicht, aber Sie und ich, wir wissen hundert Gründe, warum ein Kind so herzzerreißend weinen kann

Und wieder geht er mir durch den Kopf der Satz "Jesus Christus ist geboren".

Ja sicher, das ist die Weihnachtsbotschaft. Aber Sie und ich, was sollen wir damit anfangen mit so einem hilflosen Kind auf Heu und auf Stroh, einem hilflosen kleinen Kind in der Krippe. Vielleicht reicht sein Geburtstag für die, die zufrieden und glücklich sind; denen es gut geht. Aber was ist mit den anderen? Was ist mit den vielen anderen, durch deren Fenster wir schauen können, zu denen vielleicht auch so mancher von uns hier in diesem Gottesdienst gehört? Und gewissermaßen gehören wir ja alle zu den anderen, auch wenn wir durch unser Fenster schauen, vielleicht glänzt und leuchtet da heute der Weihnachtsbaum, aber morgen und übermorgen zieht der Alltag wieder ein und dann holen sie uns ein, die Alltagsprobleme: die Sorge um die Familie, die Angst vor dem Morgen. Bei manchem sind es finanzielle Nöte, bei einem anderen die Angst um einen Menschen, den er lieb hat, die Angst vor Krankheit und Tod. Und Sie und ich, wir alle könnten nun aus unserem eigenen Leben noch vieles dazutun. **Weihnachten. *"Jesus Christus ist geboren"*.** - Tja, ist das nicht vielleicht doch nur ein Fest für Kinder - wie es neulich eine junge Frau in einer Fernsehdiskussion sagte - ein Fest für die Geschenke, und ein Fest für die Wirtschaft, um große Geschäfte mit dem Geld anderer zu machen?

Weihnachten!

Liebe Gemeinde! Ich glaube an Weihnachten. Ich glaube, Weihnachten ist mehr als nur Rummel und Geschenke, und auch mehr als nur ein kleines Kind in der Krippe. Um das zu suchen, was eigentlich die Weihnacht ausmacht, möchte ich mir mit Ihnen noch einmal die Weihnachtsgeschichte, die Geburtsgeschichte Jesu, ansehen; so, wie sie der Evangelist Lukas überliefert hat.

Maria und Josef auf dem Weg nach Bethlehem, die Geburt Jesu im Stall, das Kind — in Windeln gewickelt in der Krippe. Jesus Christus ist geboren. Aber damit ist die Geschichte nicht zu Ende, sie geht weiter ... Sie bleibt nicht im kleinen engen Kreis der Eltern, der Familie stehen, sondern wird in die Welt hinausgetragen. So kommt sie an Menschen, die damals nun wirklich nicht zu den geachtetsten Leuten gehörten, nämlich zu den Hirten.

Menschen, die hart arbeiteten und wenig verdienten, die kaum Feierabend kannten, die oft alleine mit sich und den Tieren waren. Menschen, die das Leben hart gemacht hatte, die keine Illusionen mehr über ihre Zukunft hatten.

Und dann - mitten in der Nacht - als sie nach einem langen harten Arbeitstag am Feuer saßen und ihre Herde bewachten, da geschieht das Außergewöhnliche, das Unfassbare:

Der Himmel wird hell. Die Dunkelheit wird von einem klaren Licht verdrängt, und die Hirten hören die Stimme des Engels, der sagt: "Euch ist heute der Heiland geboren, welcher ist Christus der Herr. "

Und dann hören die Hirten noch einmal die Stimmen vieler, ganzer Heerscharen, die sagen: "Ehre sei Gott in der Höhe und Frieden auf Erden und den Menschen ein Wohlgefallen. "

Ich habe mir oft vorgestellt, wie diese Situation gewesen sein muss, wenn wir die Hirten gewesen wären.... Ja, wären wir auch aufgebrochen? Hätten wir uns auf den Weg gemacht nach Bethlehem? Hätten wir den Engeln geglaubt?

Die Hirten von damals hatten nichts zu verlieren - oder doch? Schließlich ließen sie ihre Herde unbeaufsichtigt zurück, als sie sich auf den Weg nach Bethlehem machten. "Lasst uns nun gehen nach Bethlehem und die Geschichte sehen, die da geschehen ist. "

Und sie gehen los, hin zum Stall, finden das Kind und Maria und Josef. Sonst wird nichts erzählt - Keine Kerzen, kein Lichterglanz. Auch der Engel tritt nicht noch einmal auf. Die Hirten sehen nur das Kind an. Im Grunde ist da mit den bloßen Augen nichts zu sehen. Ein Kind, ohne Obdach, geboren im Stall. Aber diese Begegnung muss die Hirten so beeindruckt haben, dass sie sie nicht für sich behalten können. Sie haben keine Angst davor, ausgelacht zu werden; keine Angst, als Spinner abgetan zu werden. Der Evangelist Lukas erzählt: "Da sie das Kind gesehen hatten, breiteten sie das Wort aus, welches zu ihnen von dem Kinde gesagt war. " Sie erzählten also allen, die es hören oder auch nicht hören wollten, was die Engel ihnen von diesem Kind gesagt hatten. Und nur durch das, was ihnen die Engel gesagt haben, ist das Unscheinbare, was sie dort im Stall vorfinden, überhaupt zu verstehen: "Euch ist heute der Heiland geboren." Mit den Augen ist da nichts zu sehen. Soweit die Weihnachtsgeschichte, wie Lukas sie berichtet. Er berichtet von mehr als nur von der Geburt des Kindes. Er berichtet auch die Botschaft der Engel, die dem ganzen erst seinen Sinn geben. Johann Sebastian Bach war das offensichtlich noch nicht ausreichend. In seinem großartigen Weihnachtsoratorium fügt er zwischen die Rezitative des Evangelisten Arien ein, die die Bedeutung der Weihnachtsgeschichte noch tiefer ergründen. Gleich nach dem Bericht von der Geburt singt der Chor: „Er ist auf Erden kommen arm, dass er unser sich erbarm." Und der Bass dazu: „Wer will die Liebe recht erhöhn, / die unser Heiland für uns hegt? / Ja, wer vermag es einzusehen, / wie ihn der Menschen Leid bewegt?" / Und später geht es weiter.

"Dies hat er alles uns getan, / Sein groß' Lieb' zu zeigen an; / Des freu sich alle Christenheit, / Und dank' ihm des in Ewigkeit. Kyrieleis."

Schließlich kommt dann noch ein Duett; Sopran und Bass Solo, eine Frauen und eine Männerstimme, die Besetzung und die Melodie für ein romantisches Liebeslied. Jaaa! Eine Romanze, um die Liebe Gottes zu seinen Menschen zum Ausdruck zu bringen. Dazu die Worte: „Herr, dein Mitleid, dein Erbarmen / Tröstet uns und macht uns frei / Tröstet uns und macht uns frei... Tröstung, das ist die Botschaft der Weihnachtsgeschichte. Als ich vergangene Woche in der Aufführung des Weihnachtsoratoriums war, war mir bei diesem Duett, als nähme mich Gott selbst in die Arme.

Ich gehe wieder durch die Straßen in Oststeinbek und komme an das Trauerhaus – und will den Trauernden zurufen: „Es ist Weihnachten. Gott kommt auf die Erde. Er ist da. – mitten unter uns. Er nimmt uns in die

Arme – tröstet uns und macht uns frei. Und ich komme zu den streitenden Eltern und dem weinenden Kind, zu der verwirrten Alten und dem Arbeitslosen mit den Geldsorgen, ich komme zu einer einsam wachenden am Sterbebett und will ihnen allen zu rufen: Ja, es ist Weihnachten. Es ist Weihnachten – gerade für euch und gerade bei euch. Auch wenn es genauso wenig zu sehen ist wie damals im Stall zu Bethlehem. Erst durch die Botschaft der Engel kann man es verstehen: Siehe, ich verkündige euch große Freude. Denn Euch – für Euch! ist **heute** der Heiland geboren, welcher ist Christus, der Herr in der Stadt Davids! Ich weiß, es ist nicht einzusehen, wie ihn des Menschen Leid bewegt. Aber es ist so. Und das macht alles anders. „Herr, dein Mitleid, dein Erbarmen, tröstet uns und macht uns frei."

Gott nimmt uns in seine Arme, tröstet uns und macht uns frei. Hier in Oststeinbek und in Havighorst, auch in Israel und in Palästina, ja auch heute in Bethlehem, wo es so böse aussieht, überall wo Krieg und Gewalt herrschen, überall wo Menschen hungern oder verfolgt werden, flüchten müssen oder an Krankheit leiden, gerade dort ist Gott gegenwärtig und bewegt ihn das Leid der Menschen zutiefst in seinem Herzen.

Doch halt! "Jesus Christus ist geboren", das ist ja nur die halbe Weihnachtsbotschaft. Auf der Suche nach der eigentlichen Weihnachtsbotschaft, da haben wir ja mehr gefunden. Da haben wir diese Worte des Engels gehört:

"Denn Euch ist heute der Heiland geboren, welcher ist Christus, der Herr." Und dieser Satz bleibt nicht stehen beim kleinen hilflosen Kindlein in der Krippe, sondern er weist nach vorne - er weist hin in die Zukunft - darauf hin, was aus diesem Kind im Stall, dessen Geburtstag wir an Weihnachten feiern - geworden ist.

Jesus Christus, Heiland der Welt. Heiland, das heißt

so viel wie Retter, Erlöser. Das ist einer, der das Kaputte heil machen will. Aus diesem Kind im Stall wird der Heilmacher der Welt. Gott lässt sich vom Leid der Menschen nicht nur tief in seinem Herzen anrühren. Durch das Leben Jesu und seinen Leidensweg hat Gott alle Schuld und alles Leid dieser Welt selbst gesehen. Ja, mehr noch, er hat sie auf seine eigene Schulter genommen. Der Heiland in der Krippe wird zum Heiland am Kreuz — für uns. Damit wir wissen, dass wir nicht alleine sind. Komme was da kommen mag! Er ist bei uns.

Liebe Gemeinde! Es *will* Weihnachten werden. Es *wird* Weihnachten werden. Mehr noch: *es ist* Weihnachten geworden. Und das ganz unabhängig davon, ob unser Tisch heute reich gedeckt ist oder karger als sonst, ob wir gesund sind oder uns Krankheit plagt, ob wir Frieden haben in der Familie, mit unseren Verwandten und Nachbarn, oder ob Streit, Versäumnisse und Schuld unsere Beziehungen belasten, ja selbst unabhängig davon, ob wir ein Obdach haben oder nicht. Es wird Weihnachten werden, wenn wir uns öffnen für das Wunder, das da geschehen will: dass Christus neu geboren werden will – *heute* - in uns, damit wir Frieden finden unter den liebenden Augen Gottes – Frieden mit uns selbst und Frieden mit der Welt - so wie sie ist.

Keiner hat das schöner ausgedrückt als Paul Gerhard mit dem Lied „Ich steh an deiner Krippe hier...", das wir vorhin begonnen haben. Die letzte Strophe heißt: *9. Eins aber, hoff ich, wirst du mir,*
mein Heiland, nicht versagen:
daß ich dich möge für und für
in, bei und an mir tragen.
So laß mich doch dein Kripplein sein;
komm, komm und lege bei mir ein
dich und all deine Freuden.

Predigt zu Lukas 24,13 – 35 Ostern, den 23.3 2008
(Die Jünger von Emmaus)

Liebe Gemeinde!

„Der Herr ist auferstanden! Er ist wahrhaftig auferstanden!" So bekennen es die beiden Emmausjünger am Ende unserer Geschichte gemeinsam mit allen übrigen, als sie wieder in Jerusalem zusammentreffen. Wohl gemerkt: am Ende unserer Geschichte und nicht gleich am Anfang. Und das macht mir diese Geschichte so sympathisch. Denn sie führt uns vor Augen, dass selbst die biblischen Zeugen im Grunde nicht besser dran waren als wir heute, wenn es darum geht, die Botschaft von der Auferstehung Jesu zu begreifen, und vor allem zu begreifen, was sie mir persönlich für mein eigenes Leben sagen will.

Die beiden Jünger, die nach dem Ort ihrer Wanderschaft „Emmausjünger" genannt werden, begreifen es erst im Laufe der Ereignisse. Dabei – und das finde ich das Spannende – dabei wissen sie schon von Anfang an alles, was es zu wissen gibt. Die Frauen waren ja schon bei ihnen gewesen, und haben ihnen erzählt, was sie erlebt hatten. Das Grab war leer gewesen. Stattdessen war da ein Engel, der sagte: Jesus ist auferstanden! Das hatten sie also bereits gehört. Und die heiligen Schriften, Mose und die Propheten, wo alles über Jesus geweissagt wird. Die kannten sie auch nur allzu gut. Und trotzdem haben sie es nicht begriffen. Trotz allem, was sie wussten, konnten sie es nicht fassen, konnten sie es nicht wirklich glauben. Im Grunde ist auf dem Weg nach Emmaus auch unsere Situation heute beschrieben. Auch wir wissen das alles längst, was von Ostern erzählt wird. Wir kennen es fast auswendig. Aber können wir es begreifen? Können wir es glauben? Sagt es uns etwas in Bezug auf unser eigenes Leben?

Fangen wir vorne an. Denn auch die Emmausjünger müssen ganz von vorne anfangen. Und das obwohl es schon der Ostermorgen ist. Aber zu Beginn unserer Geschichte sind sie noch ganz im Karfreitag gefangen. Die Worte der Frauen hatten sie zwar gehört. Aber sie haben sie nicht erreicht. „Weibergeschwätz! Schöne Illusion! Übersteigerte Phantasie!" So werden sie es als Gerede abgetan haben. Und das, obwohl einige schon zum Grab gelaufen waren, um alles zu überprüfen, und es auch bestätigt hatten. Nein, das alles nützte noch nichts. Das konnte sie nicht aus ihrer Resignation herausholen. Auf ihn hatten sie alle ihre Hoffnungen gesetzt. Dass mit ihm Gottes Himmelreich auf Erden anbrechen würde. Die Menschen würden in Frieden miteinander leben, sich freiwillig für Gerechtigkeit unter einander einsetzen. Das Gesetz der Gewalt wäre durchbrochen, und die Mächtigen würden ihre Macht nicht mehr für den eigenen Vorteil einsetzen, sondern um der ganzen Menschheit zu dienen. Doch am Karfreitag war alles ganz anders gekommen. Da war der Friedefürst untergegangen im Waffengeklirr. Das Recht des Stärkeren hatte gesiegt. Die Botschaft von der Liebe und der Gerechtigkeit endete am Kreuz und starb dort einen qualvollen Tod. Die Mächtigen hatten gezeigt, wie die Welt wirklich ist, und wer in ihr das Sagen hatte. Da waren alle ihre Hoffnungen zerschlagen. Da konnte man den Glauben verlieren. Da konnte man zynisch werden. Jerusalem, die Stadt all ihrer Hoffnungen war jetzt zur Stadt ihrer tiefsten Verzweiflung geworden. Da halfen auch schöne Worte nichts. Sie mussten hier jetzt einfach erst einmal weg. Emmaus, dies kleine Dorf nördlich von Jerusalem war nicht eigentlich ihr Ziel. Die Hauptsache war, weg aus Jerusalem, dieser Stadt des Schreckens, dieser Stadt des Karfreitags.

Immerhin können sie miteinander reden. Das blanke Entsetzen haben sie schon überwunden, das einen lähmt und sprachlos macht. Sie redeten miteinander. Und das war gut so. Auch wenn Reden nicht viel zu ändern scheint. Reden macht frei. Im Reden erfahren wir Trost. Denn geteiltes Leid ist halbes Leid. Sie redeten über alle diese Dinge, die Ereignisse des Karfreitags. Worüber sollten sie auch sonst reden? In ihren Gedanken und Gefühlen hat jetzt nichts anderes Platz. Das Traurige will verarbeitet, abgearbeitet, bewältigt werden. Und während sie miteinander ins Gespräch vertieft sind, gesellt sich Jesus zu ihnen. Mit ihm ist eigentlich alles da, was sie brauchen. Sie haben nicht nur alles wissen über ihn. Jetzt haben sie sogar ihn selbst, gegenwärtig bei sich. Aber sie merken es nicht. So ist das, wenn wir in Trauer gefangen sind. Wir sind wie mit Blindheit geschlagen. Wir haben keine Augen für das Schöne der Welt. Es ist für uns unzugänglich. Unsere Seele zieht sich nach innen in sich selbst zurück und ruht jetzt an einem dunklen Ort. Ihre Energie geht jetzt nach innen und die Bezüge nach außen, die es geben könnte, für die gibt es keinen Blick und keine Energie. Und wahrscheinlich kann das zunächst auch gar nicht anders sein. Und Jesus hört den beiden zu. Das ist mir sehr wichtig. Jesus fängt nicht gleich an zu reden. Er gebärdet sich nicht wie einer, der alles erklären kann und der alles besser weiß. Nein, Jesus hört zunächst einfach zu. Das ist viel. Das ist oft entscheidend, wenn einer den Weg der Resignation, der Depression mitgeht und zuhört. Der warten kann, der schweigen kann, der zuhören kann und sich nicht entmutigen lässt.

Aber es gibt dann auch die Zeit zum Reden, wo man dem anderen die eigenen Worte nicht schuldig bleiben darf. Und wo man dem anderen auch das Gotteswort nicht schuldig bleiben darf. Es kommt die Zeit, wo man reden muss. „Was seid ihr doch blind," sagt Jesus zu den beiden. "Warum tut ihr euch nur so schwer zu glauben, was die Propheten gesagt haben? Der versprochene Retter musste doch erst dieses alles erleiden, um auf diesem Weg zu seiner Herrlichkeit zu gelangen!" Und Jesus erklärte ihnen die Worte, die sich auf ihn bezogen, von den Büchern Moses und der Propheten angefangen durch die ganzen Heiligen Schriften. Ich stell mir vor, er hat ihnen aus dem Buch des Propheten Jesaja zitiert: „Fürwahr, er trug unsere Krankheit und lud auf sich unsere Schmerzen. Wir aber hielten ihn für den, der geplagt und von Gott gemartert wäre. Die Strafe liegt auf ihm, auf das wir Frieden hätten und durch seine Wunden sind wir geheilt." Es ist, als hörten sie ihn sagen: Habt ihr denn geglaubt, es gäbe einen Weg zu neuem Leben, zu Veränderung ohne Schmerz und ohne Leiden? Kann es den Weg mit Gott geben ohne Widerstand von Menschen, ohne Widerstand von Mächten und Gewalten? Muss nicht das Weizenkorn in die Erde fallen und sterben, um Frucht zu bringen?" Die beiden Jünger stehen erst am Anfang des Begreifens. Sie ahnen, was zunächst wie ein Ende aussieht, ist zugleich auch ein neuer Anfang. Der Traum, den sie am Kreuz zerstört wähnten, der Traum, den sie mit Jesus begraben haben, liegt jetzt als eine neue Vision vor ihnen. Ja, was mit Jesus angefangen hat, das geht weiter – auch wenn sie noch nicht recht sehen können, wie. Doch die mit Tränen säen, die werden mit Freuden ernten.

Inzwischen waren sie in die Nähe von Emmaus gekommen und Jesus tat so, als wollte er weitergehen.

Doch sie hielten ihn zurück und sagten: "Herr, bleibe bei uns, denn es will Abend werden, und der Tag hat sich geneigt." Und er blieb bei ihnen.

Was ist da jetzt los? Fürchten sich die beiden Jünger vor den Schatten der Nacht? Dass sie jetzt wieder alleine sind mit ihren Tausend Fragen und ihren brennenden Herzen? Haben sie Angst davor, dass das Licht der Hoffnung in ihnen, diese kleine Flamme wieder erlischt, wenn sie nicht weiter Nahrung bekommt von den Worten des Unbekannten?

Und es geschah, als er mit ihnen zu Tische saß, da nahm er das Brot, dankte und brach's und gab's ihnen. Da gingen ihnen die Augen auf, und sie erkannten ihn. Am Brotbrechen, an diesem Zeichen erkennen sie ihn. Aber seine Gegenwart ist flüchtig. Sie lässt sich nicht festhalten und nicht vorzeigen. Sie ist kein Besitz sondern vielmehr ein Weg. Und im Grunde erkennen sie seine Gegenwart nur im Rückblick. Brannte es nicht wie ein Feuer in unserem Herzen, als er unterwegs mit uns sprach und uns den Sinn der Heiligen Schriften erklärte? Und nun kann sie nichts mehr halten. Obwohl der Abend schon hereingebrochen ist und es angefangen hat, dunkel zu werden, brechen sie noch in derselben Stunde wieder auf, zurück nach Jerusalem. Die Stadt ist Schreckens ist wieder zur Stadt der Hoffnung geworden. Sie brennen darauf, das, was sie erlebt haben, mit den übrigen Jüngerinnen und Jüngern zu teilen. Denn jetzt, mit ihrer eigenen Erfahrung, begreifen sie erst, was sie von den Frauen und den anderen längst gehört hatten. Und nachdem sie wieder angekommen sind, rufen sie es sich gegenseitig jubelnd zu: "Der Herr ist auferstanden. Er ist wahrhaftig auferstanden." Das Leben ist stärker als der Tod, die Liebe stärker als der Hass, Gerechtigkeit stärker als das Unrecht. Das Kreuz ist nicht das Zeichen des Endes, mit dem alles aus ist, sondern das Zeichen eines neuen Anfangs, mit dem alles neu wird.

Den Augenblick des Erkennens hat der Maler Rembrandt van Rijn in dem Gemälde festgehalten, das in unserer Gottesdienstordnung abgedruckt ist.[8] In einem dunklen Raum sind vier Menschen um einen Tisch versammelt. Christus, der Fremde von Emmaus, hinten in der Mitte. Links und rechts von ihm dunkel gegen das Licht abgehoben die beiden Jünger. An der rechten Seite stehend wohl die Wirtin oder Gastgeberin mit einem Tablett. Der Jünger rechts stemmt sich im Augenblick des Erschreckens vom Tisch ab, als wolle er aufspringen. Der Jünger links hält sich im Erstaunen die Hand vor den Mund. Uns als Betrachtende macht der Maler Christus durch eine Aura aus Licht erkennbar. Doch das Eigentliche ist für die Augen unsichtbar. So bietet die Wirtin unbeirrt die Speisen ihren Gästen dar und bemerkt gar nicht, dass sie ihr gar nicht zuhören und ihr auf die Frage: "Was darf ich bringen?" keine Antwort geben werden. Sie wird es auch nicht verstehen, nicht verstehen können, warum sie so kurz danach alles stehen und liegen lassen, und ohne weitere Rast denselben Weg, den sie gekommen waren, wieder zurücklaufen: zurück nach Jerusalem.[9]

Die Gegenwart des Auferstandenen ist flüchtig. Sie lässt sich nicht festhalten. Doch wer ihr begegnet ist, der gerät in Bewegung. So wollen auch wir uns von der Osterbotschaft in Bewegung bringen lassen und nach diesem Gottesdienst zurückkehren dorthin, wo wir hergekommen sind... doch nun als Bewegte, bewegt von der Überzeugung: das Leben ist stärker als alles, was dagegen steht.

D. PREDIGT MIT SYMBOLMEDITATION

**Predigt zu Markus 12,1-12
am 2. Sonntag der Passionszeit den 23.2.1997
(Der verworfene Stein wird zum Eckstein - mit
Meditation zu Steinen vom Ostseestrand)**

Liebe Gemeinde!

Die Allegorie des Gleichnisses von den bösen Weingärtnern ist an sich schnell geklärt. Der Weinberg ist Israel, der Grundherr ist Gott. Mit den bösen Weingärtnern meint Jesus die Schriftgelehrten und Pharisäer, die religiösen Führer seiner Zeit. Mit dem **Zaun** um den Weinberg sind das **Gesetz**, die zehn Gebote und die Thora gemeint, mit **Kelter** und **Turm** der **Tempel** in Jerusalem. Die **Knechte** des Herrn, die kommen, um seinen Teil der Früchte abzuholen, sind die **Propheten**, die in der Geschichte Israels misshandelt oder auch umgebracht worden sind. Ob Jesus mit dem Sohn und Erben in verhüllter Weise gegenüber den Pharisäern auf sich selbst anspielt, ist in der Bibelforschung umstritten. Klar ist aber, dass die Urkirche, also die ersten Christen, die das Gleichnis bis zu den Evangelisten mündlich überliefert haben, es so verstanden haben. Sie haben auch das Bildwort vom Stein, den die Bauleute verworfen haben, der zum **Eckstein** wurde, angefügt, und haben nach Ostern die Auferstehung Jesu damit gemeint, und als Bestätigung auf das Gerichtswort im Gleichnis gemünzt: Der Grundherr wird kommen und die bösen Weingärtner ums Leben bringen und den Weinberg anderen geben. Die Urchristen haben mit den bösen Winzern nicht nur die Pharisäer gemeint, sondern ganz Israel und damit ihre Trennung von der Synagoge als neue Erben, als neues Volk Gottes des neuen Testamentes begründet. Die historische Juden-verfolgung gehört zu den verheerenden Folgen in der Wirkungsgeschichte dieser Gleichnisdeutung. Ich denke, das darf an dieser Stelle nicht verschwiegen werden. Damit aber genug zum Historischen.

Heute gilt das Gleichnis uns. Stellen wir uns vor, wir gehörten zu den Zuhörern Jesu. Was will er uns heute mit diesem Gleichnis sagen? Ich will mich dieser Frage mit den **beiden Bildworten** annähern: Zunächst mit dem **Stein**, und dann mit dem **Weinberg**.

Jetzt wird der Stein wichtig, den Sie sich am Eingang ausgesucht haben. Nehmen Sie ihn jetzt bitte in die Hand und nehmen Sie ihn mit Ihren verschiedenen Sinnen wahr: Betrachten Sie ihn mit ihren Augen. Welche Farbe hat er...? Vielleicht sogar mehrere...? Vielleicht gibt es Schichtungen oder Muster...? Das Folgende können Sie gleichzeitig auch ertasten: Seine Größe..., seine Form..., Rundungen oder Kanten..., seine Oberfläche..., glatt... oder eher rau...? Seine Wärme... hat sich wahrscheinlich der Wärme Ihrer Hände ange-nähert. Er hat Beziehung zu Ihnen aufgenommen, und Sie zu ihm. Vielleicht erzählt er Ihnen auch etwas von seiner Geschichte. Von gestern kann ich erzählen: Gestern lagen sie alle noch am Brodtener Ufer an der Ostsee. Aber ihre Geschichte ist ja noch älter. Rundun-gen erzählen vom Wasser, das ihn rund gewaschen hat. Raue Brüche erzählen von Verwitterung durch Hitze und Kälte, oder durch Stöße... Naturgewalten haben ihn geformt, trotz seiner Härte und Beständigkeit... Wie ist ihm das bekommen. Ewigkeiten hat das gedauert. Ja, er ist ein Stück zwischen Zeit und Ewigkeit. Vielleicht ist Ihnen beim Betrachten bewusst geworden, warum Sie gerade diesen Stein gewählt haben. Dem können Sie mehr oder auch weniger Bedeutung zumessen.

Ich bin eigentlich kein Freund von Gesprächsphasen im Gottesdienst, aber heute möchte ich Ihnen doch die Gelegenheit dazu geben. Wählen sie sich einen Partner (ich denke zu zweit geht das am Besten) und erzählen Sie ihm oder ihr, was Ihnen an ihrem Stein aufgefallen ist, und welche Gedanken Ihnen dazu gekommen sind. Und nach einer Weile ist der Partner an der Reihe zu erzählen.

P A U S E für den gegenseitigen Austausch.

Nun möchte ich wieder erzählen: Als ich gestern an der Ostsee war, überlegte ich: Wie machst du das jetzt? Füllst Du jetzt einfach deinen Eimer mit Steinen und fährst wieder nach Hause? Nein, ich entschied mich, die Steine bewusst auszusuchen. Mit den Predigtstudien im Kopf und dem Ostseewind um die Ohren tat das ganz gut. Ich hatte eine Vorstellung von einem schönen Stein im Kopf. Rund gewaschen, formschön, hell, fast weiß. Aber die Steine an der Ostsee waren fast alle ganz anders. Klar... ich war ja nicht an einem Gebirgsbach, wo die Steine dem Wasser ständig ausgesetzt sind, sondern am Meeresufer, wo das Wasser sie nur gelegentlich erreicht. Aber ich habe doch einige gefunden: Rund, hell und glatt. Und überraschender Weise - oder gar nicht so überraschend - erschienen sie mir sehr schnell als langweilig. Auf einmal reizten mich viel mehr die bunten Farben, die im Wasser noch intensiver leuchteten: Rot, Grün, violett gab es da, schwarz, weiß, und goldbraun. Nun achtete ich mehr auf Vielfalt. Aber schön sollten sie sein. **Den Stein, den die Bauleute verwarfen, ist zum Eckstein geworden.** Und ich war ständig dabei, Steine zu verwerfen, abzulehnen.

Warum eigentlich? Und wenn ich mit dieser Frage einen Stein betrachtete, verwandelte sich mein NEIN in ein JA. Auch du, deine Form, Farbe, Größe gehörst in Gottes Schöpfung. So füllte sich mein Eimer, und er wurde immer schwerer. Schließlich sagte ich mir: So, jetzt ist es genug. Ich kehrte um, und sagte zu den übrigen Steinen NEIN: ihr werdet mir jetzt zu viel. Obwohl mir doch immer wieder noch ein besonders farbiger entgegen leuchtete. NEIN, ich will mir jetzt nicht mehr aufladen, oder von euch aufladen lassen. Und plötzlich kam mir eine Frage, die mag auf den ersten Blick absurd wirken: Darfst du eigentlich Nein sagen, Steine, Menschen, Lasten ablehnen, auf deinem Weg der Nachfolge Jesu, dem Vorbild, der die Last der ganzen Welt auf sich genommen. Das sagt das Bildwort vom Eckstein doch. Klar, in Bezug auf die Steine dort am Brodtener Ufer war das absurd. Ich hätte einen Lastwagen mieten müssen, und der hätte auch nicht gereicht, um all die Steine dort mitzunehmen, und wie hätte unser Kirchengelände dann ausgesehen. Aber in Bezug auf die anderen Lasten, die ich trage, war die Frage doch schon wichtig. Und ich spürte, wie der Metallbügel sich immer tiefer in meine Finger grub, und ich den Eimer immer öfter absetzen musste. Doch plötzlich verwandelte sich auch diese Frage. Mir ging auf: Nicht du sollst die Last die ganzen Welt auf dich nehmen. Sondern er trug die Last der ganzen Welt, gehorsam bis zum Tod am Kreuz. **Er** trägt auch deine **Last**. Und seltsam, da wurde mein Eimer leichter, und auch meine Schultern unbeschwert.

Die Steine haben noch mehr Fragen in mir geweckt. Steine sind fest und verlässlich. Sie geben Halt. Auf sie kann man bauen. Und wie bin ich? Wie bist du? Steine sind beständig. Sie sind aber auch hart. Sie sind gleichzeitig ein Sinnbild für die Verhärtungen des Lebendigen. Er ist versteinert. Das Lebendige ist in ihm erstarrt, sagen wir dann. "I am a rock" haben Simon & Garfunkel vor 40 Jahren gesungen, "Ich bin ein Fels" ... "and a rock feels no pain." "Ein Stein fühlt keinen Schmerz." Und ich? Wo bleibe ich mit meinen Schmerzen? ...Mit Steinen kann ich auch verletzen. Wer in einem Glashaus sitzt, sollte nicht mit Steinen werfen, und für andere ist es auch nicht ratsam. Ich kann und ich will mich auch nicht immer von einem Glashaus in einen Felsen verwandeln, um Verletzungen nicht zu spüren. "Wer von Euch ohne Schuld ist, der werfe den ersten Stein", sagte Jesus einmal zu den umher stehenden Pharisäern... und es flog kein einziger Stein. Ich erlebe es häufig, dass mir Menschen Steine in den Weg legen, aber ich erlebe genauso oft, dass Menschen mir weiter helfen, Steine aus dem Weg räumen. Manchmal gelingt es mir, einen Stein ins Rollen zu bringen. Manchmal, vor allem in den Bergen, habe ich auch Angst davor: Es könnte sich eine Steinlawine daraus entwickeln. Die zentrale Frage, vor die mich das Bildwort von dem Eckstein stellt ist die Frage: Worauf hast du eigentlich das Haus deines Lebens gebaut: Auf Fels oder auf Sand? In Verbindung mit dem Gleichnis von den bösen Weingärtnern - bezogen auf unsere Zeit komme ich nicht um die Warnung herum: Jesus sagt auch uns: Ihr geht nicht gut um mit meinem Weinberg, weder mit dem Weinberg des Lebens, noch mit dem Weinberg der Schöpfung, die ich euch als Pächter überlassen habe. Das Gerichtswort aber mit dem Strafgericht über die bösen Weingärtner steht im Futur. D.h. es ist eine Drohung, eine Warnung, kein Verhängnis. Umkehr ist möglich. Wenn Jesus aber der Stein ist, der Eckstein, der die tragenden Mauern des Hausbaus zusammenhält, für das Haus meines Lebens, meiner persönlichen Entwicklung, für das Haus unserer Gesellschaft, für das Haus unserer Welt, dann wird er es nicht wie ein unfertiges Haus stehen lassen. Auch wenn gegenwärtig die Zustände so unvollkommen sind, wie in dem Weinberg auch, ich will das alles gar nicht ausführen (Renten-, Finanz- und Arbeitsmarktkrise): Gott lässt dieses unfertige Haus so nicht stehen. Es würde rein regnen, abbröckeln und schließlich zusammenbrechen ohne den Eckstein. Gott will jedoch sein Haus fertig stellen. Wo wir zu dem Vertrauen finden, und Christus den Grund- und Eckstein sein lassen, ja auch den Stein des Anstoßes gegen unsere lebensfeindlichen Gewohnheiten, wo wir auf ihn als Propheten hören, und umkehren, da wird er auch als Schluss-Stein abrunden, was heute noch offen ist, bei mir, bei euch, in unserer Welt. Lassen wir ihn alles zusammenfügen. ER ist bereits am Werk.

E. THEMENPREDIGTEN

Predigt: Johannes 18,33-38 Sonntag Lätare 26.3.1995 (Was ist Wahrheit?)

Liebe Gemeinde!

In der Passionsgeschichte sagt Jesus im Verlaufe des Verhörs zu Pilatus: "Ja, ich bin ein König. Doch mein Reich ist nicht von dieser Welt. Wäre mein Reich von dieser Welt, so würden meine Diener kämpfen, damit ich den Juden nicht überantwortet würde. Ich aber bin gekommen, dass ich für die Wahrheit zeuge. Wer aus der Wahrheit lebt, der hört meine Stimme." Da fragt Pilatus zurück: "Was ist Wahrheit?"

Ich habe während der Ferien den Roman "Die unerträgliche Leichtigkeit des Seins" von dem tschechischen Schriftsteller Milan Kundera[10] gelesen und beim Lesen dachte ich bei mir: Dieser Roman ist eine Auslegung, eine Beschreibung für die Sätze: "Mein Reich ist nicht von dieser Welt" und "Ich bin gekommen, dass ich für die Wahrheit zeuge." Er ist eine Behandlung der Frage des Pilatus: "Was ist Wahrheit?" Darum will ich ein wenig daraus erzählen.

Eine Nebenfigur in diesem Roman, der in Prag um die Zeit der sowjetischen Okkupation von 1968 spielt, ist die Malerin Sabina. Ihr Vater war Beamter im Rathaus einer tschechischen Kleinstadt und führte einen puritanischen Lebensstil. Sein Sonntagsvergnügen bestand darin, Sonnenuntergänge über den Wäldern oder Rosensträuße in Vasen zu malen. Das hat Sabina stark geprägt. Schon in früher Kindheit begann sie zu zeichnen und wählte schließlich die Malerei zum Beruf. Als sie vierzehn Jahre alt war, verliebte sie sich in einen gleichaltrigen Jungen. Ihr Vater war darüber sehr besorgt und verbot ihr ein ganzes Jahr lang, alleine auszugehen. Eines Tages zeigte ihr Vater ihr Bilder von Picasso. Da er nur ganz naturgetreue Abbildungen von Gegenständen mochte, machte er sich über die bizarren Bilder Picassos lustig und verhöhnte sie. Das öffnete Sabina ein Tor zur Freiheit. Wenn sie schon nicht ihren Mitschüler lieben durfte, so konnte sie doch wenigstens gegen den Willen des Vaters den kubistischen Stil Picassos lieben. Nach dem Abitur zog sie nach Prag mit dem freudigen Gefühl, endlich in die Freiheit aufzubrechen. Ja, sie erlebte es als eine Art Verrat. Verrat - das heißt, aus der Reihe zu tanzen und ins Unbekannte aufzubrechen. Sabina konnte sich nichts Schöneres vorstellen.

Doch an der Kunstakademie, an der sie studierte, durfte sie nicht malen wie Picasso. Man duldete nur den Stil des sozialistischen Realismus. Für die Konfirmanden muss ich vielleicht erklären: Das heißt, auch hier durften Gegenstände und Personen nur ganz naturgetreu dargestellt werden. Alles andere wurde als Untergrabung des Sozialismus angesehen. Beliebte Motive waren Portraits von kommunistischen Staatsmännern, Gebäude und Fabriken, Symbole des technischen Fortschritts. Sabinas Wunsch, dem Vater zu entkommen, blieb unerfüllt. Der Kommunismus war nur ein anderer Vater. Aber genauso streng und genauso beschränkt verbot er ihre Liebe zu Picasso. Um nicht von der Kunstakademie geworfen zu werden, unterwarf sich Sabina. Doch der Trotz, der in ihr lebendig blieb, trieb sie dazu - wenn sie sich die Auflehnung schon nicht traute - ins andere Extrem zu verfallen. Sie wollte übertreiben. Sie wollte den Realismus ad absurdum führen. So bemühte sich Sabina, noch strenger zu sein als die Professoren, und malte ihre Bilder so exakt, dass kein Pinselstrich zu erkennen war. Sie sahen aus wie Farbfotografien.

Eines Tages geschah etwas Furchtbares. Über ein fertiges Bild, eine große Leinwand, auf der sie einen riesigen Hochofen im Bau dargestellt hatte, war ihr rote Farbe gelaufen, einmal quer rüber von oben bis unten. Jahre später zeigt sie die beschädigte Leinwand einer Freundin und sagt rückblickend: "Dieses Bild hier habe ich verdorben. Zuerst war ich untröstlich. Aber dann fing der Fleck an, mir zu gefallen, weil er wie ein Riss aussah. Das Bild wirkte nicht mehr wie eine Fotografie. Als wäre die Baustelle keine wirkliche Baustelle sondern eine brüchige Theaterdekoration mit aufgemalter Baustelle. Ich begann an dem Riss herumzuspielen, ihn zu vergrößern und mir auszumalen, was man dahinter alles sehen könnte. So habe ich meinen ersten Zyklus gemalt, den ich 'Kulissen' nannte." Sabina hatte durch dieses Unglück zu ihrem eigenen Kunststil gefunden. Vorne war immer eine vollkommen realistische Welt. Doch dahinter, wie hinter der zerrissenen Leinwand eines Bühnenbildes, konnte man etwas anderes sehen, etwas Geheimnisvolles oder Abstraktes. Sabina erklärte ihrer Freundin sinnierend: Vorne ist die verständliche Lüge und hinten die unverständliche Wahrheit." Tatsächlich sprachen Sabinas Bilder immer von demselben, vom Zusammentreffen zweier Themen, vom Aufeinanderprallen zweier Welten. Sie waren wie doppelt belichtete Bilder. Eine Landschaft, durch die das Licht einer Tischlampe schimmert. Oder eine Hand, die von hinten ein idyllisches Stillleben mit Äpfeln, Nüssen und einem Weihnachtsbaum mit brennenden Kerzen zerstört. Ein Hüttenwerk im Bau, durch das eine Petroleumlampe im Hintergrund leuchtet. Oder eine andere Lampe, deren altmodischer Schirm aus bemaltem Glas in feine Scherben zersplittert war: die Scherben aber schwebten über einer öden Moorlandschaft. Bei einem Besuch in New

York, wo auch Welten aufeinanderprallen, wo ein kleiner arabischer Palast mit Türmchen und vergoldeten Säulen zwischen gigantischen Wolkenkratzern stehen kann, musste Sabina an ihre Bilder denken, und dachte bei sich: Schönheit entsteht nicht aus einer Absicht. Nicht die strenge, durchkomponierte Schönheit europäischer Städte faszinierte sie, sondern diese bunte, zufällige Vielfalt. Diese nichtbeabsichtigte Schönheit, entstanden aus dem Irrtum; wie ihr erstes originäres Bild, das entstanden war, weil irrtümlicherweise rote Farbe über die Leinwand gelaufen war. Selbstverständlicher Weise musste Sabina mit ihren doppelbödigen Bildern auch ein Doppelleben führen. Keiner durfte sie sehen, weil sie sich sonst Repressalien ausgesetzt hätte.

Als ich von der Farbsträhne las, die wie ein Riss quer über das Bild geht, musste ich sofort an unser neues Parament vor dem Altar hier in Oststeinbek denken. Es stellt den Vorhang im Jerusalemer Tempel dar, von dem es in der Kreuzigungsgeschichte heißt, dass er im Augenblick des Todes Jesu in zwei Teile zerreißt, von obenan bis untenaus. Der Vorhang reißt und gibt das Allerheiligste preis, den Christus am Kreuz als nächste Nähe Gottes, als Hoffnung auf neues Leben.

Mit Sabinas Worten: Vorne die verständliche Lüge und dahinter die unverständliche Wahrheit. Ich war zunächst über diesen Satz gestolpert. Warum denn die unverständliche Wahrheit? Ist hinter der zerreißenden Fassade nicht die eigentliche, die klare und reine Wahrheit? Es juckt mir doch in den Fingern, vorne, die verständliche Lüge, die falsche Fassade zu zerreißen, um das dahinter, das Wahre, das Eigentliche ans Licht zu bringen. Warum also spricht Sabina von einer unverständlichen Wahrheit. Warum eifert sie nicht für eine klare, eine verständliche Wahrheit? Offensichtlich verkommt eine verständliche Wahrheit schnell zum Dogma, verwandelt sich schnell wieder in eine verständliche Lüge, die im Laufe der Zeit nicht mehr tragfähig ist, ihrerseits wieder zerreißt, um einer neuen unverständlichen Wahrheit Platz zu machen. So ist es ja auch den Eiferern der sozialistischen Revolution ergangen. Aus dem Ideal einer weltweiten Gerechtigkeit haben sie ein blutiges Regime der Unfreiheit gemacht. Aus einer unverstandenen Wahrheit eine verständliche Lüge.

Was aber ist Wahrheit? Damit, liebe Gemeinde, sind wir wieder am Anfang der Predigt. Die ewige Wiederkehr des Gleichen? Keine Angst, ich fang jetzt nicht wieder von Vorne an. Aber ich muss doch sagen: Es tut mir leid. Es war nicht meine Absicht, Sie einmal im Kreise herum wieder an dieselbe Stelle zurück zu führen. Ich hätte sie viel lieber geradlinig an ein klares Ziel geführt. Aber vielleicht ging es nicht anders. Vielleicht liegt das in der Natur der Sache. Vielleicht sind wir damit der Wahrheit des Bilderverbotes auf der Spur. Wir können die Wahrheit Gottes nicht einfangen mit Bildern oder Begriffen. Die Wahrheit will überhaupt nicht gefangen werden. Und das Heilige, die Wahrheit Gottes, die Wahrheit des Lebendigen, lässt sich nicht begreifen oder besitzen. Ich glaube, wir können davon nicht mehr haben als den kleinen Lichtblick des Lichts, den unser Parament durch den Riss im Violetten frei gibt.

Auch wenn wir die Wahrheit des Lebendigen nicht haben, nicht umfassen können, so können wir uns doch Dem anvertrauen, der größer ist, als all unser Begreifen und Verstehen, dass er unsere Herzen und Sinne, unser Leben bewahrt.

Predigt zu Markus 4, 35 – 41 am 4. Sonntag nach Epiphanias den 02.02.2003 (Sturmstillung - Golfkrieg - Frieden)

Liebe Gemeinde,

Heute ist Sonntag. Da soll ich hier in der Kirche predigen... und da draußen droht ein Krieg. Was soll ich da sagen? Was kann ich da tun? Gottes Wort sprechen! Das ist hier meine Aufgabe. Sein ewiges Wort – aber konkret, in unsere Zeit!

"Selig sind, die Frieden stiften," lese ich da. "Selig sind, die Frieden *machen*," lese ich in einer anderen Übersetzung. Kann man denn Frieden *machen*? Dann lasst uns gleich anfangen. Ich verteile gleich... ja, was soll ich denn verteilen? Papier und Scheren? Nein, ich hab` etwas Besseres. Ich habe ein großes weißes Laken mitgebracht. Darauf können wir in großen Buchstaben das Wort „FRIEDEN" aufmalen und zur großen Friedensdemonstration am 15.2. nach Berlin fahren.

„Wehe den Priestern und Propheten, die sagen: ,Friede, Friede!' und es ist doch kein Friede! Die den Schaden meines Volkes nicht heilen. Die sagen, hier ist des Herrn Tempel. Hier kann uns kein Unheil anrühren." Mit diesen Worten warnt Jeremia zu seiner Zeit vor den falschen Priestern und Propheten. Wodurch würden wir uns von ihnen unterscheiden mit unserm Friedenstransparent? Wenn das mit dem Frieden so einfach wäre.

Schauen wir in den heutigen Predigttext. Da haben wir die Geschichte von der Sturmstillung, die mich schon seit Studienzeiten immer wieder beschäftigt. Sie steht im Markusevangelium an dem Ort, wo Jesus aus der Gegend von Kapernaum kommt und hinüberfährt nach Tiberias auf die andere Seite des Sees Genezareth.

Und auf dieser Fahrt da geschieht etwas, was bis heute an dieser geographischen Stelle gar nicht so selten vorkommt. Nämlich dass einer dieser gefürchteten Fallwinde vom schneebedeckten Hermon im Norden herunterkommt und durch das enge Jordantal peitscht, ganz plötzlich und unvorhergesehen, und diesen sonst so angenehmen und eher stillen See aufmischt mit einer Gewalt, die man sich nur schwer vorstellen kann. Nämlich so, dass es nur so kracht und donnert, wie bei einem Erdbeben (*Seismos megas* bei Matthäus), als ob sich der Schlund der Tiefe auftut und einen verschlingen will. Und die hochgehenden Wellen schlagen ins Boot und bedecken das Schifflein fast ganz. Wie eine Entfesselung der Urgewalten, der Urnot ist das, wo die Erde in ihren Festen ins Wanken gerät und der Himmel auf einen herabzustürzen und die zagenden Menschen unter sich zu begraben droht. Wer es einmal auf See hautnah erlebt hat, der weiß, wie sich das anfühlt, dieses Ausgeliefertsein an diese chaotischen Gewalten. Wenn Kriege entfesselt werden, dann gerät die Welt ähnlich ins Wanken, wird die Erde in ihren Grundfesten erschüttert, toben Gewalten. Die Hörer, für die Markus schreibt, haben neben ihren Erfahrungen mit dem See Genezareth die Bilder aus den alten Schöpfungsmythen vor Augen. Im Chaosdrachenkampf der babylonischen Schöpfungsmythologie ist alles noch viel archaischer als im Alten und Neuen Testament, aber deren Vorstellungen schimmern in der Bibel durch: der furchtbare Kampf, den der Stadtgott Marduk gegen das Unterweltsungeheuer Tiamat und seine Gefolgsleute durchzufechten hat, um schließlich aus deren aufgeschlitztem Leib die Welt und aus ihrem Blut die Menschen zu machen. Da geht es um das Überwältigtwerden durch die Chaosmächte. Um dieses Aufschäumen des Urchaos, welches die Welt von ihrem Grund her bedroht und stets um sie herumsteht, seit der Schöpfung her. Für dieses Urchaos steht das Bild vom Wasser, vom Sturm, von den Wellen auch hier.

Ein weiteres ist für die Menschen, die Markus so um 70/75 nach Chr. zuhören klar: : Dieses Schifflein ist die Gemeinde Jesu, die frühe Christenheit, verfolgt von Juden wie Saulus und Römern wie Nero. Die Gemeinde ist eigentlich schon völlig vom Wasser bedeckt. Von der sieht man schon nicht mehr viel. Die hat kaum noch eine erkennbare Gestalt. Da ist keine wirkliche Form mehr, keine fest gefügte Institution, da ist weithin nur noch innere und auch äußere Auflösung. Markus will seinen Hörerinnen und Hörern wohl sagen, dass die christliche Gemeinde, wie die Welt auch als Ganze, sich in dieser letzten Bedrohtheit vorfindet, in der es um Sein oder Nichtsein, um ihre Existenz oder ihren Untergang geht. Ob Gott oder das Chaos die Oberhand gewinnen und behalten, Ordnung oder Gestaltlosigkeit, Da, in der Tiefe des ungründigen Abgrundes, da herrschen die Dämonen, da treiben sie ihr Unwesen. In der Unterwelt ist ihr Zuhause. Da sitzen Leviathan und Behemoth, die Widersacher Gottes schon zu Beginn der Schöpfung, denen er sie abringen und entwinden will, die er binden und für eine Weile stillstellen muss, damit so etwas wie eine Welt, eine Weltordnung, eine geordnete Welt, die Lebensmöglichkeit bietet, überhaupt zustande kommen kann.

Doch in einem entscheidenden Punkt geht Markus über die antiken Schöpfungsmythen hinaus: Er ist der Meinung, dass die Kirche Jesu Christi genau derjenige Teil in der Welt ist, der immer wieder neu und jeden Tag in dieser letzten Bedrohtheit da ist, und zwar bedroht *durch* diese Welt und ihre chaotischen

Tendenzen und genauso bedroht *für* diese Welt. Dazwischen droht sie immer wieder zerrieben zu werden und unterzugehen.

Denn die Gemeinde Jesu Christi ist nicht für sich selbst da. Sie ist für die Welt da. Auf die Welt hin hat sie sich auszulegen. Denn diese Welt, so wie sie ist, die ist nicht in der Lage und nicht fähig, sich diesen gestaltenden, lebensermöglichenden, zur Schönheit und zum Glück, zur Ordnung und zur Gestalt führenden Impuls selber zu geben. Im Gegenteil, die Welt gibt sich immer wieder den chaotischen, zersetzenden, auflösenden Kräften preis, mit ihrer latenten Tendenz zum Abgrund, zum Unterweltlichen. Die Welt und der Mensch sind von sich selber so bedrohlich wie bedroht. Die können sich nicht von sich selbst her und durch sich selbst bannen und aus dem Sumpf ziehen. Diese Kraft kann ihnen nur von außen her zukommen.

Warum ist das so? Weil dieser letzte Impuls Gott heißt, und weil Gott nicht Welt ist. Gott ist ihr Vorher und ihr Danach, ihr Grund und ihr Horizont. Gott ist ihr Ziel und ihre Vollendung, und als solcher ist er ihr innerster Kern, ihr bewegendes Prinzip! Darum kann die Welt nicht aus sich selbst da sein. Sie zehrt in ihrem Sein immer von dem, was sie selber nicht ist. In ihr, wenn sie sich selbst überlassen wird, gewinnen immer wieder die chaotischen Mächte die Oberhand. Das Wesen der Welt nämlich ist, das wissen alle Religionen, sich selber und andere mit sich selbst und durch sich selbst zu bedrohen. Das ist auch das Wesen des Menschen. Wenn er existieren will, dann Muss er nicht nur vor sich selber und seinen chaotischen Tendenzen geschützt werden, dann Muss ihm auch ein schöpferischer Impuls von außen eingegeben werden.

Doch nun erfahren wir, dass dieser Gott schläft. Er liegt in der Gestalt Jesu hinten im Schiff auf einem Kissen. Erfahrbar ist von ihm nicht seine Gegenwart sondern seine Abwesenheit. Gottesverfinsterung hat Martin Buber sie genannt. Gott scheint ganz und gar unwirksam. Es scheint, als habe er sich aus der Welt zurückgezogen, vielleicht auch , dass er aus der Welt heraus gedrängt wurde, jedenfalls, dass er die Welt sich selbst und ihren eigenen Gesetzlichkeiten überlassen und überantwortet hat, in ihr weder eine erklärende noch eine stabilisierende Funktion hat – wie heute bei uns. Unsere Geschichte handelt nicht zuerst von einem Sturm, sondern von einem schlafenden Gott!!! Und wir erfahren, dass das kleine Kirchenschifflein, dieses Christenboot schon fast ganz von Wasser bedeckt ist.

Und Gott schläft! Es geht kein Impuls von ihm aus. . Er hat sich abgewendet und ruht desinteressiert auf seinem Kissen hinten am Heck, während vorne der Bug schon untertaucht.

Das ist die Situation: die Wellen schlagen ins Schiff und Gott schläft! Alles wird pitschnass, und das stört ihn gar nicht. Er merkt nichts, und anscheinend will er auch gar nichts merken. So könnte die Geschichte auch weiter- und zu Ende gehen, wenn sich die Jünger nicht dann doch aufraffen würden und anfangen würden, ihn zu rütteln und zu schütteln: „Mensch, Gott, los, wach auf, siehst du denn nichts. Komm hoch und tu endlich was!"

Das ist schon eine erstaunliche Angelegenheit, ein eindrückliches Bild, der schlafende Gott im Chaos von Kirche und Welt! Dieser herrlich und unbekümmert schlafende Gott! Und dann die Jünger mit ihrem aus Todesangst geborenen Geschrei!

Ich glaube, das ist der Schlüssel zu dieser Geschichte: dieser Gott ist ein Gott, der darauf wartet, dass wir hingehen und rufen: „Mensch, Gott, Gott, Mensch, mach doch endlich was, du siehst doch, wie es mit uns steht!" Ja, sonst macht er nichts, sonst schläft er weiter. Und dann geschieht nichts. Und das ist das Eigenartige an der Gottheit dieses Gottes, dass er mit seiner Gottheit darauf wartet, dass er gerufen wird, vom Menschen gerufen wird. Das ist ja von uns wohl immer wieder sehr schwer zu begreifen, dass er nun einmal nichts tun will, es sei denn, er wird gerufen. Darum ist das Gebet der Mittelpunkt des Glaubens an diesen Gott. Dieser Gott lässt sich verändern. Er lässt sich bewegen. Er lässt sich anrufen. Dass das Gebet eben auch Gott verändert, das erscheint mir das Eigentliche. Ohne das Gebet schläft er bis zum St. Nimmerleinstag. Und wir sind dazu da, ihn zu wecken. Damit Gott zur Welt kommt und an der Welt zu sich selbst.

Damit ist auch klar: Beten ist nicht einfach nur das Dahersprechen von frommen Formeln, nicht einfach nur eine gottesdienstliche Verrichtung, auch nicht einfach nur das persönliche Zwiegespräch mit dem Erhabenen. Das alles auch, ja. Aber entscheidend ist, und darauf läuft unsere Geschichte zu: Gott zu wecken, damit er sich als Gott erweist, als Gott wirkt - und ihn auch Gott sein zu lassen.

Wir glauben oft, alles selbst machen zu können. Es ist ja auch wichtig, dass wir nicht nur Christen des Wortes sondern auch der Tat sind. Aber oft begegnen wir Gott erst dort, wo wir mit unserer Macht am Ende sind.

Und was schreiben wir nun auf unser Transparent? Vielleicht doch „FRIEDEN"? Oder besser noch: „Es gibt keinen Frieden ohne Gerechtigkeit." Und wir müssen darüber hinaus wissen: Es gibt keine Sicherstellung des Friedens. Deshalb haben wir keinen Grund zur Besserwisserei. Darauf hat uns schon Dietrich Bonhoeffer 1934 hingewiesen mit den Worten: Frieden wird oft mit Sicherheit verwechselt. *Doch es gibt keinen Frieden auf dem Weg der Sicherheit!* Denn Friede *muss gewagt* werden. Friede ist ein großes Wagnis und lässt sich nie und nimmer sichern. Friede ist das Gegenteil von Sicherung. Sicherheiten fordern heißt Misstrauen haben, und dieses Misstrauen gebiert wiederum Krieg. Der Krieg aber ist das größere Wagnis und bringt das größere Unheil.

Und der Friede Gottes, der höher ist als unsere Vernunft, der halte unsren Verstand wach, und unsere Hoffnung groß und stärke unsere Liebe. Amen.

Predigt über den Froschkönig am 11. Sonntag nach Trinitatis den 30.8.2003
(Schenk mir deine Liebe für meine Hilfe)

Liebe Gemeinde!

Ich möchte Sie und Euch in dieser Stunde ein wenig in die Welt der Märchen entführen. "

Es war einmal eine Königstochter, also eine Prinzessin. Die lebte mit ihren Eltern in einem großen Schloss. Eines Tages spielte sie mit ihrer goldenen Kugel auf der Wiese im Schlosspark. Sie warf sie hin und her, fing sie wieder auf und hatte ihre Freude daran. Doch da entglitt sie ihren Händen, hüpfte zum Brunnen und fiel hinein. Die Prinzessin erschrak, rannte hinter, blickte ins tiefe Wasser. Doch ihre goldene Kugel war nicht mehr zu sehen. Da war sie zu Tode betrübt und fing an bitterlich zu weinen. Nach einer Weile hörte sie durch ihr Schluchzen ein Geräusch. „Quak," hörte sie eine Stimme, „Was bist du denn so traurig?" Auf dem Brunnenrand saß ein Frosch. „Ach, du alter Wasserpatscher," sagte die Prinzessin. „Ich weine über meine goldene Kugel, die mir in den Brunnen hinab gefallen ist." „Sei still und weine nicht," antwortete der Frosch, „ich kann wohl Rat schaffen. Aber was gibst du mir, wenn ich sie dir wiederhole?" „Was du haben willst, lieber Frosch," sagte sie, „meine Kleider, meine Perlen, meine Edelsteine, auch noch die goldene Krone, die ich trage." „Nein," sagte der Frosch, „Deine Kleider, deine Perlen und Edelsteine, auch deine goldene Krone, die mag ich nicht. Aber wenn du mich lieb haben willst und ich dein Geselle und Spielkamerad sein soll, an deinem Tischlein neben dir sitzen, von deinem Tellerlein essen, aus deinem Becherlein trinken, in deinem Bettlein schlafen; wenn du mir das versprichst, dann will ich in den Brunnen hinabsteigen und deine goldene Kugel wiederholen." Die Prinzessin willigte ein und dachte bei sich: „Ach, was der einfältige Frosch da schwätzt. Ein Frosch kann doch nie eines Menschen Geselle sein. Als der Frosch wieder auftauchte, warf er die goldene Kugel ins Gras. Die Prinzessin nahm sie an sich und lief davon. „Halt, warte auf mich," rief der Frosch ihr hinterher, „ich kann nicht so schnell wie du." Aber da war die Prinzessin auch schon verschwunden. Am nächsten Tag, als die Prinzessin mit dem König und allen Hofleuten sich zur Tafel gesetzt hatte und von ihrem goldenen Tellerlein aß, da kam, plitsch, platsch, plitsch, platsch, etwas die Marmortreppe herauf und klopfte an die Schlosstür. „Königstöchter jüngste, mach mir auf." rief es. Sie lief nach draußen, um zu sehen, wer da an der Tür war. Als sie aber aufmachte, da saß da der Frosch. Da warf sie die Tür hastig wieder zu, setzte sich wieder an den Tisch und es brodelte in ihr vor Angst.

Der König sah, wie gewaltig ihr das Herz klopfte und fragte, was denn war. Da schüttete die Prinzessin ihm das Herz aus und erzählte, was sich am Vortage am Brunnen zugetragen hatte. Da hörten sie wieder von draußen die Stimme des Frosches kläglich rufen: „Königstochter jüngste, mach mir auf. Weißt du nicht was gestern, du zu mir gesagt? Bei dem kühlen Brunnenwasser?" Da sagte der König zu ihr. „Was du versprochen hast, das musst du auch halten." Da ging die Prinzessin an die Tür und ließ den Frosch herein. Als er am Tisch angekommen war, rief er: „Heb mich herauf zu dir." Doch die Königstochter zauderte, bis es endlich der König befahl. Da saß nun der Frosch bei ihr auf dem Tisch und ließ sich das Essen wohl schmecken, während der Prinzessin fast jeder Bissen im Halse stecken blieb. „Ich habe mich satt gegessen," sagte der Frosch, "und bin müde. Nun trag mich in dein Kämmerlein und mach dein seiden Bettelein zurecht. Da wollen wir uns schlafen legen." Da fing die Königstochter an zu weinen. Denn sie fürchtete sich vor dem kalten Frosch, den sie sich gar nicht anzufassen traute. Da wurde der König zornig und sprach: "Wer dir geholfen hat in der Not, den sollst du danach nicht verachten." Da packte sie den Frosch mit zwei Fingern, trug ihn in ihr Zimmer und setzte ihn in eine Ecke. Als sie sich später schlafen gelegt hatte, da kam der Frosch angekrochen und sprach: „Ich bin müde. Ich will schlafen - so gut wie du. Heb mich herauf, oder ich sag's deinem Vater." Da wurde sie bitter böse, holte ihn herauf und warf ihn mit aller Kraft gegen die Wand. „Nun wirst du Ruhe geben. Du garstiger Frosch."

Als er aber herabfiel, war er aber kein Frosch mehr, sondern er hatte sich verwandelt in einen Königssohn mit schönen freundlichen Augen. Der wurde nun nach ihres Vaters willen ihr lieber Geselle und Gemahl. Er erzählte ihr seine Geschichte, wie eine böse Hexe ihn verwünscht hatte, und niemand ihn aus seinem Brunnen hätte erlösen können als sie allein. Am nächsten Morgen kam eine prachtvolle Kutsche herangefahren. Die sollte den jungen Königssohn mit seiner Prinzessin nach Hause fahren in sein Königreich.

Für mich kommt in diesem Märchen vieles auf tiefsinnige Weise zur Andeutung, was uns bei einer Hochzeit - und der Geschichte mit den Männern und den Frauen bewegt.

1) Die goldene Kugel steht für das runde, geborgene und ungebrochene Grundgefühl unserer Kindheit. Der Prinzessin fällt sie aus der Hand. Leichtfertig! Was spielt sie damit auch so nahe am Brunnen? Aber offensichtlich hat sie es bewusst riskiert. Irgendwann

ist die Zeit reif, dass wir das Kindliche ablegen und verlassen. Und das tut auch weh. Wenn es einem plötzlich bewusst wird, dann kann man schon zu Tode betrübt sein. Doch es gibt keinen Weg zurück. Aber es bleibt die Sehnsucht nach der ungebrochenen Geborgenheit.

2) Und damit kommen wir zum Thema von Nähe und Distanz. Vielleicht mag es dem Frosch ganz ähnlich gegangen sein wie der Prinzessin, wahrscheinlich sogar. Er hört ihr herzzerreißendes Weinen. Es rührt auch sein Herz an. Er will ihr helfen. Er will im Grunde auch sich selbst helfen und all das Brüchige, alle Differenzen auf der Welt überwinden. Sehnsucht nach der großen, harmonischen Einheit. Eine kindliche Sehnsucht. Und diese Sehnsucht nach Einheit und Nähe verleitet ihn, der Prinzessin eine Falle zu stellen. Er bietet ihr ein Tauschgeschäft an: **Hilfe für Liebe.** Aber das geht nicht. Das geht nie gut.

3) Nun kommen wir ins Schloss an die Tafel des Königs. Und die Prinzessin erstickt fast an den Wünschen des Frosch nach Nähe, Einheit, Kuscheln und Harmonie. Zunächst beugt sie sich noch gehorsam den Befehlen ihres Vaters. Doch dann gerät sie an eine Grenze. Dann wird es ihr zu bunt. Sie handelt nicht mehr aus Gehorsam, fremd bestimmt, sondern sie wird ein eigener Mensch. Sie packt den Frosch und wirft ihn mit aller Macht gegen die Wand. Sie zügelt ihren Zorn nicht. Sie führt die Auseinandersetzung ganz ungebremst.

4) Und jetzt geschieht das Wunder: Der Frosch verwandelt sich in einen Königssohn. Die Konfrontation ist heilsam und befreiend. Tapfer erträgt der Frosch den Schmerz der Zurückweisung und begegnet der Prinzessin als neuer Mensch. Auch er hat jetzt zu sich

selbst gefunden. Das ist nicht selbstverständlich. Er hätte jetzt auch lebenslange Rache schwören können oder sich depressiv in seinen Brunnen zurückziehen können, um sein Leben lang zu lamentieren: Auf die Frauen ist kein Verlass. Ich kenn solche. **Nein**, unser Frosch wächst durch die Konfrontation. Auch er wird ein eigener Mensch. Und die Majestät, die das mit sich bringt, strahlt aus dem Wort: "Da steht vor ihr ein Prinz." Das ist das eigentliche Wunder und Geheimnis dieser Geschichte: Dadurch, dass die Prinzessin zu sich selbst kommt, erlöst sie den Froschkönig dazu, auch er selbst zu sein. Wir suchen oft Erlösung beim Partner, und damit wird eine Beziehung, die Liebe, eine Ehe oft völlig überfordert. Wir können den anderen nicht erlösen. Es sei denn, dass wir beides als Stufen des Erlösungsweges begreifen wollen: das miteinander Verschmelzen, das neu Verliebte so rauschhaft erleben, und auch den Befreiungsprozess zu einer eigenen Persönlichkeit.

5) Nun kann es beides geben: Gemeinsamkeit und Eigenständigkeit, Nähe und Distanz, das Ja und das Nein, Einheit und Freiheit. Nur wenn beides gelingt: Eins sein und doch zwei bleiben, kann uns das Zusammenleben gelingen. Das gilt für eine Ehe, aber auch für jede Freundschaft, ja für jede Beziehung überhaupt, sei sie privat oder geschäftlich, in größerer Nähe oder eher in Distanz. Einzeln und frei sein, wie ein Baum; und doch gemeinsam und verbunden wie in einem Wald.

6) Unterwegs auf der Fahrt: Es steht der treue Heinrich hinten auf dem Wagen und dreimal hört der Königssohn ein lautes Krachen, so dass er denkt, der Wagen bricht. Darum ruft er auch besorgt: „Hein-

rich, der Wagen bricht." Aber von hinten ertönt dann jedes Mal die Stimme des Treuen Heinrich: "Nein, Herr, der Wagen nicht. Es ist ein Band von meinem Herzen, das da lag in großen Schmerzen, als ihr in dem Brunnen saßt, als ihr eine Fretsche wast." Hans Jellouscheks Deutung: Die Hexe könnte evtl. die Mutter sein, die ihren Sohn festhält in einer engen Bindung. Sie sorgt dafür, dass er nicht hinausgeht in die Welt. Er wird nicht souverän und attraktiv, sondern mit mangelndem Selbstbewusstsein bleibt er eben meinungsabhängig, erfüllt mit Sehnsucht nach Einheit und Geborgenheit, aber unfähig, Differenzen und Gegensätze auszuhalten: Eben ein Frosch!!! Doch der Ruf des Lebens lautet: "Sei kein Frosch!"

7) Letzter Hinweis, wie könnte es bei einer guten Predigt, auch bei einer Märchenpredigt, anders sein: ein Hinweis auf Jesus Christus. Auch wenn ich das jetzt so ein bisschen salopp angefügt habe, so ist es mir damit doch ganz ernst und nicht nur eine fromme Pflichtübung zum Schluss. Hans Jellouscheks Hinweis darauf, dass unsere Sehnsucht nach Liebe durch einen anderen Menschen oft belastet und überfrachtet sein kann durch unsere Sehnsucht nach Erlösung, sollte uns bewusstmachen: Kein Mensch kann uns erlösen. Das kann allein Jesus Christus. Und wenn wir diese Erlösung durch ihn geschehen lassen, dann erst werden wir reif und fähig zu wahrer, reifer und unabhängiger Liebe zu anderen Menschen: Zu einer Liebe, die den anderen nicht binden, knechten oder manipulieren will, sondern ihm seine Freiheit lässt. Fähig zu wahrer Hingabe, bei der ich mich nicht fürchten muss, mich selbst zu verlieren.

Predigt zum Patientengottesdienst am 22. Mai 2011

Liebe Schwestern und Brüder!

Ich nehme an, dass alle, die wir heute hier versammelt sind, in irgendeiner Weise von Leiden betroffen sind. Entweder weil wir selbst erkrankt sind – oder weil ein naher Angehöriger oder Freund krank geworden ist, oder weil wir als Ärzte, Pflegekräfte, Therapeuten oder Seelsorger Patienten behandeln oder begleiten. Da wir uns hier in der Kirche zum Gottesdienst versammelt haben, möchte ich meine Gedanken eröffnen mit der Frage: Gibt es einen spirituellem Umgang mit Leiden? Oder anders zugespitzt: Kann christlicher Glaube heilende Kräfte in uns wecken und unterstützen? Ich glaube ja, sonst wäre ich heute nicht hier. Doch ich möchte meinen Gedanken zwei Vorzeichen voranstellen.

Erstens: Als der Erzbischof von Paris, Kardinal Pierre Veuillot mit 55 Jahren schwer erkrankte, sagte er seinem Freund Bischof Lallier an seinem Krankenbett: „Wir verstehen es meisterhaft, schöne Sätze über das Leiden zu machen. Auch ich habe über das Leiden in ergreifenden Worten gepredigt. Aber sagen Sie den Priestern, sie sollen lieber schweigen: Wir wissen nämlich nicht, was Leiden ist."

Die Bibel erzählt: Als seine drei Freunde zu Hiob kamen und ihn in seinem großem Leid sahen, da setzten sie sich zu ihm auf die Erde und redeten nichts – sondern schwiegen – sieben Tage und sieben Nächte lang; denn sie sahen, dass der Schmerz sehr groß war. (Hiob 2,13) Ich möchte dem in einer kleinen Geste Respekt zollen, die Klangschale anschlagen und mit Ihnen in Ehrfurcht und Demut einen Augenblick lang schweigen. (Klangschale...)

Wenn ich jetzt das Schweigen breche und wieder anfange zu reden, so ist mir bewusst, dass das ein Widerspruch ist. Aber ich glaube, dass auch Reden, behutsames miteinander Reden heilsame Kraft entfalten kann.

Damit komme ich zu meinem **zweiten** Vorzeichen: Ich möchte mich schon gleich jetzt bei allen entschuldigen, die nach dem Gottesdienst mit dem Gefühl nach Hause gehen: Der hat ja gut reden! Mir ist bewusst, dass es ein himmelweiter Unterschied ist, ob wir aus der Perspektive eines Zuschauers auf der Tribüne reden oder ob wir in der Situation des Leidenden mitten in der Arena sind. Ein Sprichwort in Afrikaans sagt: „Die beste stuurlui staan an wal." Die besten Steuerleute mit ihren klugen Ratschlägen sitzen nicht im Boot mitten im Sturm sondern stehen trockenen Fußes am Kai.

Unter diesen beiden Vorzeichen möchte ich mich vorsichtig der Frage nach Glauben und Heilung nähern. Ein Grundgedanke ist mir dabei sehr wichtig: *Wir können uns nicht selbst heilen.* Weder durch gesunde Ernährung noch durch Sport; weder durch ärztliche Kunstgriffe noch durch religiöse Praktiken. *Es steht nicht in unserer Macht.* Heilung verdanken wir immer dem Wirken Gottes. Freilich, wir können Heilung fördern, ... so wie ein guter Gärtner Wachstum fördern kann, in dem er den Boden bereitet, Kompost oder Dünger aufbringt, die Pflanzen regelmäßig begießt. „...doch Wachstum und Gedeihen steht in des Himmels Hand." Damit möchte ich das ärztliche Handwerk keineswegs abwerten. Ich nehme es ja auch selbst vertrauensvoll in Anspruch. Doch ich würde erwarten, dass auch die Ärztinnen und Ärzte unter uns mir da zustimmen werden. Heilung steht nicht in unserer Macht. Vielleicht ernte ich auch Widerspruch. Dem möchte ich gerne Raum geben mit der Anekdote von einem schwäbischen Häuslebauern. Als das Haus gebaut, die Wohnung eingerichtet und der Garten bestellt ist, kommt der Pfarrer zu einem Begrüßungsbesuch. Er sieht sich anerkennend um und lobt das neue Gemeindeglied mit den Worten: „Es ist ja doch beeindruckend, wozu Sie es in so kurzer Zeit mit Gottes Hilfe gebracht haben." „Jawohl, Herr Pfarrer," entgegnet der Häuslebauer, „aber Sie hätten mal sehen müssen, wie das hier alles ausgeschaut hat, als der liebe Herrgott noch alleine geschafft hat." Das will ich gerne gelten lassen. Natürlich! Natürlich ist unser menschliches Tun wichtig. Es ist geradezu unverzichtbar! Und dennoch bleibe ich dabei: Segen und Gedeihen, Wachstum und Heilung haben wir nicht in unserer Hand. Wir geraten da an Grenzen der Machbarkeit, als Ärztinnen und Ärzte wie auch Pastorinnen und Pastoren. Wir bekommen es mit Macht und Ohnmacht zu tun!!! Vielleicht geht es bei spirituellem Umgang mit Leid zentral darum, wie wir mit der Erfahrung von Ohnmacht umgehen. Uns die Grenzen unserer Macht eingestehen, Ohnmacht aushalten und durchhalten und die Dinge Gott überlassen. Weniger machen als vielmehr geschehen lassen!

Und – jetzt müssen wir aufpassen, dass wir nicht auf der anderen Seite vom Pferd herunterfallen! Wenn wir dann demütig beten: nicht mein Wille sondern Dein Wille geschehe, - wie Jesus in Gethsemane - so glaube ich *nicht*, dass alles, was geschieht, Gottes Wille sei. Ich glaube nicht, dass Gott uns Böses will! Allen, die sich mit der verzweifelten Frage herumplagen: Warum ich? Womit habe ich das verdient? will ich eindringlich zurufen: *Du hast das nicht verdient!!!* Deine Krankheit ist nicht deine Schuld und keine Strafe Gottes! Mein Vater hat es nicht verdient, mit 43 Jahren an Krebs zu sterben! Und ich habe es nicht verdient, bei leidlicher Gesundheit 56 Jahre alt zu werden. **Wir können uns bei Gott nichts verdienen** – weder das Gute noch das Böse. Das ist nicht mein Gottesbild, das ist nicht mein Menschenbild und das ist nicht das Gottesbild des Neuen Testaments!

Aber – zentral für mein Gottesbild ist, was wir zu Weihnachten singen: „Er (ent-)äußert sich all seiner Gewalt, wird niedrig und gering und nimmt an eines Knechts Gestalt, der *Schöpfer aller Ding.*" Gott selbst legt seine Allmacht ab und begibt sich mit uns hinein in die tiefen Erfahrungen der Ohnmacht... Gott selbst! - *der Schöpfer aller Ding.* Gott erweist seine Macht nicht dadurch, dass er die Welt lenkt wie ein Marionettenspieler. Sondern Gott lässt sich selbst – ohnmächtig leidend - auf die tiefsten Tiefen menschlicher Erfahrungen ein - *der Schöpfer aller Ding.* Von diesem ohnmächtig mitleidenden Gott sagt Paulus: Gottes Kraft ist in den Schwachen mächtig. Gerade in der Tiefe können wir Gottes verwandelnde Kraft erfahren.

Manchmal können wir nichts tun. Aber es gibt immer einen Weg zu gehen. Und manchmal kann es eine Entdeckung sein, unseren Weg nicht mehr GEGEN die Krankheit zu gehen, sondern MIT der Krankheit. Bitte – das ist jetzt kein kluger Ratschlag, nicht einmal eine Empfehlung oder gar eine Präferenz. Es ist eher eine eigene Erfahrung.

Ich musste einmal durch mein persönliches Gethsemane. Worum es dabei medizinisch ging, darf unter dem Siegel der Verschwiegenheit bleiben. Aber ich bekam es dabei mit Angst zu tun – mit abgründiger, haltloser Angst. Ja, mit Panik. Natürlich wollte ich die Angst los werden. Schmerzen finde ich noch schlimmer. Aber Angst ist für mich das Zweitschlimmste, was es gibt.

Doch es half nichts. Ich las in der Bibel. Da gibt es diese großartigen Worte des Propheten Jesaja: „Fürchte dich nicht, ich bin mit dir. Weiche nicht, denn ich bin dein Gott!" Aber sie halfen mir nicht. Ich hatte Angst. Schlaflosigkeit. Durchwachte Nächte. Ich bekam schließlich Angst vor der Nacht... Angst vor dem zu Bett gehen... Angst vor der Angst. Wenn ich in der Bibel so etwas wie Trost fand, dann bei Hiob und in den Klageliedern des Jeremia. Abgründige und unaufhörliche Klage von Menschen, die in auswegloser Lage ihre Not zum Himmel schrien. Worte, denen ich anmerkte, dass wundgescheuerte Seelen aus ihnen sprachen. Ja, Hiob und Jeremia wurden in dieser Zeit zu meinen besten Freunden, weil meine eigenen Freunde das, was ich zu sagen hatte, nicht mehr ertragen konnten. Bei Hiob eine geballte Ladung an Warum-Fragen: Warum ich? Warum bin ich nicht gestorben bei meiner Geburt? Warum bin ich nicht umgekommen, als ich aus dem Mutterleib kam? Warum hat man mich je auf den Schoß genommen? Warum wurde ich je an Brüsten gestillt? Warum lässt Gott mich nicht einfach sterben? Warum? Warum? Warum? (Hiob 3) Und noch mitten in der bitteren Klage bahnt sich bei Hiob eine Verwandlung an. Die Warum-Fragen verändern sich, verändern ihn. Er fragt dann: *„Warum gibt Gott das Licht den Mühseligen und das Leben den betrübten Herzen?"* (Hiob 3,20) Licht bei den Mühseligen, Leben bei den Betrübten!!! Hiob entdeckt Licht in der Finsternis, das Licht dessen, der am Anfang der Welt sprach: Es soll Licht aus der Finsternis hervorleuchten. Sein heller Schein entfaltet Leben schaffende Kraft in unseren Herzen.

Mir empfahl ein Freund im Gespräch: „Versuch mal, nicht vor der Angst weg zu laufen, sondern **mit ihr** zu leben. Kehr ihr nicht den Rücken zu. Dann holt sie dich von hinten ein. Sondern wende dich um und begegne ihr von Angesicht zu Angesicht." Und ich verstand. Wenn die Angst kam, versuchte ich, *nicht* aufzustehen sondern im Bett zu bleiben. Schweißgebadet zwar. Aber ich dachte bei mir: Das ist jetzt deine Aufgabe, das hier jetzt auszuhalten. Wie ein Mantrum betete ich vor mich her: „Ich habe Angst. Ich habe Angst. Ich habe Angst." Und dabei widerfuhr auch mir so etwas wie eine Verwandlung. Ich konnte allmählich sagen: „**JA**, ich habe Angst." Und in dieser Bejahung lag verwandelnde Kraft. Vorher hatte die Angst mich – und jetzt hatte ich die Angst. Allmählich wurde ich vom Objekt zum Subjekt, wurde ich der Herr. Nein, das klingt zu groß. Es war eher wie ein Ringkampf, bei dem ich allmählich die Oberhand gewann. Doch allein darin lag schon die Erlösung und ich konnte das Ziel aufgeben, die Angst los zu werden.

Manchmal kann es eine Entdeckung sein, dass eine Krankheit zu meinem Weg dazugehört und in der Bejahung kann verwandelnde, heilende Kraft liegen. Ich glaube, dass Gott bei uns ist, auch in den tiefsten Tiefen, auch wenn wir nichts davon merken, auch wenn wir uns ganz und gar von ihm verlassen fühlen. Ich glaube, Gott ist da! Oft ohnmächtig mitleidend, seufzend, weinend, klagend – wie Jesus in Gethsemane. Doch Gottes Kraft ist in den Schwachen mächtig – und er kann und will seine heilende und Leben schaffende Kraft in uns entfalten. Jeremia sagt es mit den Worten: „Gott weiß wohl, was für Gedanken er über uns hat: Gedanken des Friedens und nicht des Leides. Wenn wir ihn anrufen und bitten, so wird er uns erhören. Wenn wir ihn von ganzem Herzen suchen werden, so wird er sich von uns finden lassen."

F. BUNDESSCHLUSS-[12] & EINE-WELT-GOTTESDIENSTE [13]

Predigt zu Klagelieder 5 auf der Bundesdelegierten-tagung der Aktion Bundesschluss in Hamburg[14] Mümmelmannsberg am 23.4.1989
(Thema der Tagung: „MENTAL SLAVERY")

Antwortpredigt auf Pieter Moatshes These: "Der Weiße muss aus der Gefangenschaft seines Überlegenheits-komplexes befreit werden."

Liebe Schwestern und Brüder!

Mich haben die Einsichten in "Mental Slavery" in Südafrika und bei uns an diesem Wochenende und vor allem die Gedanken von Bruder Pieter Moatshe tief bewegt. Ich möchte darauf antworten. Das heißt nicht, dass ich irgendwelche Antworten (oder gar "richtige" Antworten) auf irgendwelche Fragen zu geben hätte. Ich möchte ganz einfach zwei eigene Erfahrungen daneben stellen, von eigener geistiger Gefangenschaft erzählen und von Bruchstücken der Befreiung. Ich möchte Stellung beziehen zu Pieter Moatshes These von gestern: "Auch der Weiße muss befreit werden aus der Gefangenschaft seines Überlegenheitskomplexes." Ich denke, das ist bitter wahr. Die Klagelieder scheinen eine solche Knechtschaft der Herren zu kennen, wenn es dort heißt: "KNECHTE herrschen über uns, und niemand ist da, der uns von ihrer Hand errettet." (Klgl. 5,8) Ich möchte das bewusst bedenken als einer dieser Knechte, als Weißer, der elf Jahre lang weiße südafrikanische Schulbildung in Stellenbosch und Kapstadt genossen hat. Dort bin ich ganz konservativ und konform mit der Ideologie des Rassismus aufgewachsen und habe diese Knechtschaft von innen kennengelernt.

Die erste Erschütterung an meinen Ketten der Apartheid geschah gleich zu Anfang, als wir 1971 in die Bundesrepublik übersiedelten. Ich stand bei der Ankunft im Hafen von Southampton an der Reling und sah einen weißen Hafenarbeiter mit einer Gepäckkarre! Das mag für Euch banal klingen. Aber ich hatte das in meinem ganzen 16-jährigen Leben vorher noch nie gesehen. In Kapstadt waren alle Hafenarbeiter schwarz. Und die Schule hatte mich sorgfältig darauf vorbereitet, diese Tatsache in Ihrem Sinne zu verstehen. Bereits im 3. Schuljahr lernte ich, dass die Weißen mit Jan van Riebeeck 1652 ans Kap gekommen waren. Und dort hatten sie Schwarze auf der Kulturstufe der Steinzeit angetroffen: Nomaden - Jäger und Hirten. Wir lernten, verschiedene Rassen und Stämme an bestimmten Merkmalen zu unterscheiden. Jedes Jahr tauchte der Stoff erneut im Lehrplan auf.

Auch wenn sich dieser Unterricht auf die Wissenschaft der Völkerkunde beruft und schriftgelehrte Richtigkeiten enthalten mag, er diente nicht der Wissensvermittlung. Sondern ich unterstelle meinen Lehrern eine böse Intention. Die eigentliche, ideologisch tief prägende Botschaft war unausgesprochen, zwischen den Zeilen enthalten. Wir lernten nicht, wie Schwarze einmal im Laufe der Geschichte waren. Wir lernten, wie sie ihrem eigentlichen Wesen nach <u>sind</u>. Die Botschaft war: Schwarze SIND Steinzeitmenschen, unterentwickelt und primitiv. Es treibt mir die Röte ins Gesicht, das so zu Euch zu sagen. Aber so hat meine Erziehung auf mich gewirkt, und Ihr müsst wissen, wie tief und fest die psychischen Fesseln der Apartheid sitzen. Ich lernte, dass Schwarze menschenähnliche Wesen sind, die nach einer langen Zeit der "getrennten Entwicklung", eben der Apartheid, zu Menschen werden könnten. Bedenkt man, wie weit die Steinzeit für die Weißen zurückliegt, hatten wir zu Lebzeiten nichts zu befürchten. Für unsere gegenwärtigen Erfahrungen in der Industriegesellschaft hieß die Botschaft: Wundert euch deshalb nicht, dass die Schwarzen die Drecksarbeit tun müssen, dass sie arm sind, zerrissene Kleider tragen und in Wellblechhütten wohnen. Das ist ihre natürliche Lebensweise. Oder - zynisch zugespitzt – (und so sehr es mich heute auch empört, ich muss Euch sagen, dass ich solche Argumente wirklich gehört und auch selbst benutzt habe): In Wellblech wohnen die Schwarzen ja schon "zivilisierter" (was auch immer das ist) als in ihren ursprünglichen Stroh- und Lehmhütten.

Es wirkte. Das sichtbare Elend um uns herum nahmen wir unbekümmert und unbetroffen als selbstverständlich hin. (Das ist übrigens genau die Haltung, die es Weißen möglich macht, schwarze Kinder in Soweto auf offener Straße zu erschießen ohne das Gefühl, einen Mord oder auch nur ein Verbrechen zu begehen.)

Nun stand ich an der Reling und sah diesen weißen Hafenarbeiter. Irgendetwas stimmte nicht. Mein Weltbild der Apartheid begann zu zerbrechen. Dieser Mann war aufgrund seiner weißen Hautfarbe ganz offensichtlich kein Steinzeitmensch. Mein Kopf begann fieberhaft zu arbeiten. Entweder gab es auch weiße Menschen zweiter Klasse, oder es hatte andere Gründe, dass Schwarze die Dreckarbeit in Südafrika tun müssen. Ich entschied mich, die Wahrheit in der zweiten Richtung zu suchen.

Zwei Jahre später befreundete ich mich mit einem Nigerianer. Selbst heimatlos hier im kalten Norden fühlte ich mich zu ihm hingezogen, denn wir waren beide Afrikaner - er schwarz und ich weiß. Ich lud ihn zu Kaffee und Kuchen ein. Wieder kam eine Situation, die all mein Denken und Fühlen auf den Kopf stellte. In mir rebellierten die Gefühle, bis ich verstand, was da nach meinem damaligen Empfinden nicht in Ordnung war: Ich saß zum ersten Mal in meinem Leben mit einem Schwarzen zu Tisch! Doch durch diese Freundschaft war für mich der Bann gebrochen, eine Fessel der Mental Slavery gelöst.

Mit Scham und Schmerz erinnere ich mich heute zurück an unsere "Bediende", unsere Hausangestellte, die zwar unser Essen kochen durfte, aber draußen auf der "Stoep", der Veranda essen musste... wie ein Hund... mit ihrem eigenen besonderen Geschirr. Beschämt muss ich heute sagen: Nicht sie hatte ihre Würde verloren... sondern wir! Denn <u>wir</u> behandelten sie menschenunwürdig. <u>Uns</u> fehlte die Menschlichkeit.

Mit Scham und Schmerz erinnere ich mich heute an manchen Abend, an dem unsere Bediende uns als kleine Kinder ins Bett brachte, sie selbst schon fertig gemacht zum Ausgehen mit einer Perücke mit glattem Haar. Sie hatte gelernt, dass eine feine Dame kein krauses Haar hat. Doch von uns erntete sie nur Spott. Ich spüre den Schmerz, der die Parole gebar "Black is beautiful", mit der Steve Biko und andere später ein neues schwarzes Selbstbewusstsein formulierten.

Mit Scham und Schmerz denke ich daran zurück, dass die Kinder unserer "Bediende" unsere abgetragenen Kleider und meine alten Lederhosen auftrugen. Wir hatten dabei das Gefühl, eine Mildtätigkeit christlicher Nächstenliebe zu vollbringen. Hier sind unsere Altkleider kaum mehr wert als Müll. Wir brachten unsere Bediende oft nach Hause in ihre Wellblechbehausung mit den zwei Räumen ohne Fußboden auf dem Lehm ... und es war alles ganz selbstverständlich; so, wie ich es in der Schule gelernt hatte. Ich ließ mich von ihrem Mann als "klein Basie" ansprechen, "kleines Herrchen"... von einem erwachsenen Mann! Daran seht Ihr, zu welch entwürdigenden Beziehungen uns die Mental Slavery der Apartheid zwang.

Doch trotz alledem hatte ich nach elf Jahren in Südafrika das subjektive Gefühl, von der Unterdrückung der Schwarzen in Südafrika nichts gewusst zu haben. Ich hatte mit sehenden Augen nichts gesehen und mit hörenden Ohren nichts gehört, als Weißer gefangen in der Mental Slavery der Apartheid-Ideologie. Doch ich will die Schuld dafür gar nicht auf meine Lehrer abwälzen. Denn die hatten es wiederum von ihren Eltern und Lehrern, und dann sind wir alle miteinander sooo unschuldig.

Es war ein langer Weg, bis ich 1983 mit Freunden der Black Sash und des südafrikanischen Kirchenrates in die gleichen Townships ging, die ich glaubte, von früher zu kennen. Jetzt aber begegnete ich dort <u>Menschen</u>, die unter Armut, Entrechtung, Trennung, Obdachlosigkeit, und Hunger litten, in denen ich aber trotz Elend und Verzweiflung ihren Stolz und ihre Würde erkannte. Sie waren meine Schwestern und Brüder. Ich hatte mich geändert, und ich kam in ein ganz anderes Südafrika, das Südafrika der Schwarzen, das ich von früher nicht kannte. Ich glaube, so ist es, wenn Blinde sehen, Taube hören, wir unsere Schuld und unsere Armut erkennen, und uns durch das Evangelium befreien lassen. (Matthäus 11,5)

Erschrocken frage ich mich heute: Wie kann man so mit Blindheit geschlagen sein? Und erschrocken denke ich, es ist ganz einfach: Der Blick für den eigenen, unmittelbaren Vorteil kann den Blick für die Wahrheit völlig verstellen. Mit unseren wirtschaftlichen Beziehungen zu Südafrika und der Plünderung der Umwelt und der Menschheit weltweit brauche ich Euch nicht darauf hinzuweisen, dass auch uns in der Bundesrepublik Knechte beherrschen. Sie benennen ihre Knechtschaft mit sog. "Sachzwängen", womit sie verschleiern, dass sie nicht anders wollen, weil wir auch nicht anders wollen, und uns die angenehmen Seiten dieser Knechtschaft auch gerne gefallen lassen.

Befreiung ist ein schmerzhafter Prozess. In Frage steht, was darf uns die Befreiung kosten? Doch auch wenn der Weg schwer ist, der Blick in die Zukunft, wie auch mein Rückblick in eine beschämende und schuldbeladene biographische Vergangenheit stehen unter der ermutigenden Verheißung, die Pieter Moatshe uns aus der Bibel zugesprochen hat, und die uns bereits durch diese Tagung begleitet hat: Wenn wir an Jesu Rede bleiben, werden wir seine Jünger sein; und wir werden die Wahrheit erkennen, und die Wahrheit wird uns frei machen. (Joh. 8, 31-32).

Dialogpredigt mit Ingrid Fraser [15]
über 1. Kor. 12, 12-27 am 12.2.2006
(Ein Leib, viele Glieder)
im Eine-Welt-Gottesdienst zum Thema "HIV/AIDS"

Karlfried: Liebe Gemeinde!

Der Apostel Paulus sagt zur Gemeinde der Christen: Ihr seid ein Leib - ... und wenn ein Glied leidet, so leiden alle Glieder mit...

Die erste wichtige Begegnung, die ich mit diesem Bibeltext hatte, liegt nun schon fast dreißig Jahre zurück. Im Jahre 1976 - nach dem Schüleraufstand in Soweto – lud Propst Schröder zu einem Südafrika-Seminar ein, an dem ich teilnahm. Als Gast aus dem südlichen Afrika hatte er Ngeno Nakamhela eingeladen, der als schwarzer Theologe über das Hermannsburger Missionswerk als Pastor in einer deutschen Gemeinde in Detmold tätig war. Er berichtete, wie schwarze Kinder auf offener Straße erschossen wurden, weil sie an verbotenen Demonstrationen teilnahmen. Und dann fragte er uns: Und ihr? Seid ihr nicht auch Glieder am Leib Jesu Christi? Oft höre ich Menschen in Deutschland sagen: Ach, Südafrika, das ist ja so weit weg. Was geht uns das an. Aber wie ist das möglich, wenn wir als Kirche Jesu Christi ein Leib sind? Hört ihr unseren Schrei? Spürt Ihr unseren Schmerz? Wenn ein Bauarbeiter sich schweren Stein auf den Fuß fallen lässt, dann kann doch der Kopf nicht sagen, was geht mich der Fuß an. Der ist doch so weit weg. Im Gegenteil. Der ganze Körper krümmt sich vor Schmerz. Die Augen sehen die Wunde an, und die Hände verbinden sie. Der ganze Körper hat nur ein einziges Anliegen – nämlich den Schmerz zu überwinden. Diese Worte von Ngeno Nakamhela zu unserm Bibelwort sind für mich ganz grundlegend geworden für mein Verständnis der Kirche als weltweiter Gemeinschaft der Christinnen und Christen.

Ingrid: *Ihr seid ein Leib...*

...und wenn ein Glied leidet, so leiden alle Glieder mit.

Ich empfinde diese beiden Verse in der Bibel mit als die schwersten: Wenn ich an alle die leidenden Menschen in der Welt denke – die Bettelbriefe, die mir ins Haus flattern, die Nachrichten und Bilder in den Medien, die Erlebnisse bei meinen Reisen nach Afghanistan und Afrika und der Blick auf unsere Straßen... Überall schaut mich Leiden an und ich als Glied des Ganzen leide mit – Das ist für mich fast unerträglich.

Verständlich, dass der Wunsch, nicht mehr hinzusehen, in uns wächst. Doch damit verschwindet das Leiden nicht.

Leiden der Menschen kann etwas Anonymes bekommen und man kann es verdrängen, aus dem eigenen Leben ausklammern. „Was gehen mich diese Menschen an? Ich habe es in meinem Leben auch nicht leicht gehabt."

Wieso leiden alle Glieder, wenn eines leidet?

Wenn wir die Metapher wörtlich nehmen, dann kann das jeder von uns nachvollziehen: Wenn ich beim Wandern eine Blase am Fuß bekomme, leide ich mit dem ganzen Körper beim Weiterlaufen. Wenn ich Magenschmerzen habe, kann ich nicht mehr klar denken, fühle mich elend und energielos. Wenn wir Schmerzen verdrängen, nicht wahrhaben wollen, machen sie uns oft in anderer Weise später noch viel mehr Probleme – zwingen uns zum Leiden. Wir sagen: Der Körper fordert sein Recht.

Und wie ist es mit den leidenden Gliedern des einen Leibes? Fühlen wir es nicht auch mit unserem ganzen Körper?

Als Fihliwe Mavundla mir in Roosboom / Südafrika sagte: „Hier verhungern Menschen. Die Kinder bekommen z.T. nur im Kindergarten etwas zu essen, weil ihre Großeltern kein Geld haben und ihre Eltern an Aids gestorben sind," da übertrug sich der Leidensdruck auf mich. Mein Gewissen hätte mich bedrückt, wenn ich weggehört hätte. Und darum begann ich, in unserer Bundesschlussgruppe und meinem Bekanntenkreis, Spenden für ihren Kindergarten zu sammeln.

Wir können nicht überall in der Welt helfen. Aber wir können die Augen aufbehalten, wenn uns Leiden so unmittelbar begegnet.

Wir spüren das Leiden, das uns begegnet, körperlich. Es bedrückt uns, macht uns hilflos und verzweifelt, doch wir stehen ja nicht allein davor.

Ihr seid ein Leib in Jesus.

Damit sind alle gemeint, die sich zu Jesu Liebesbotschaft bekennen.

Sind das nicht ganz viele? Und haben wir nicht die Zusage seiner Liebe, die uns Kraft gibt? Wir können uns an ihn wenden, wenn wir mit unserer Kraft am Ende sind.

Ich muss immer an den Spruch denken: **Wenn viele kleine Menschen viele kleine Schritte tun, können sie das Gesicht der Welt verändern.** Dazu gibt es Karten, auf denen Menschen verschiedenster Hautfarbe und Herkunft abgebildet sind, die sich an der Hand fassen und einen großen Kreis um die Erdkugel bilden – eine große weltweite Gemeinschaft.

Mir ist wichtig, dass wir uns nicht vereinzeln und nicht durch Schuldzuweisungen auseinanderdividieren lassen!

In Südafrika, in der Sprache der Zulu gibt es das Wort „ubuntu". Es kann vielfältig übersetzt werden: „Verbundenheit" – „Liebe zueinander" – „Ich bin, weil wir sind, und weil wir sind, bin ich" – „füreinander einstehen",

„füreinander da sein" – „immer ein Teil der Gemeinschaft sein" - ohne Ubuntu wäre das Leid in Südafrika noch viel größer.

Ubuntu ist „ein Leib Sein" in Südafrika: Sorge der Großeltern für die durch AIDS verwaisten Enkelkinder, der älteren Geschwister für die jüngeren.

Ubuntu hat auch den beispiellosen Weg Südafrikas in die Freiheit geprägt, bei dem die weißen Südafrikaner nicht ausgeschlossen werden konnten, durch den Versöhnung möglich war. Südafrika hat uns gezeigt – und tut es immer noch, was es heißt, ein Leib sein.

Karlfried: Wenden wir den Blick nach Hamburg, zu den Menschen, denen unser Ubuntu genauso gilt. Pastorin Christel Rüder hat in ihrer Arbeit in der Aids-Seelsorge einige Einzelschicksale zusammengestellt. Eines davon hat mich besonders angerührt. Ich möchte es in Ausschnitten vorstellen. **Eva** (Mitte 50, geschieden, 5 Kinder, keine Partnerschaft, seit 10 Jahren HIV+) erzählt:

"Ich war mehr als 20 Jahre verheiratet, habe 5 Kinder geboren und großgezogen und lebte mit meinem Mann in einer gesellschaftlich privilegierten Position – er ist Arzt. Ich hatte einen gut situierten Haushalt und führte ein Dasein als Ehefrau, Mutter und Hausfrau. Mein Mann war und ist der einzige, mit dem ich jemals Geschlechtsverkehr hatte. Treue und meine Kinder sind mir schon immer sehr wichtig gewesen.

Als die Kinder größer waren trennte ich mich von meinem Mann, ich zog mit den beiden jüngsten Kindern in eine kleine Wohnung in einer anderen Stadt.

In dieser Zeit wurde auch ein HIV-Test aufgrund meiner nicht heilen wollenden Pilzinfektion durchgeführt, der dann positiv ausfiel. Es traf mich wie aus heiterem Himmel, ich konnte das Ergebnis nicht glauben, nicht wahrnehmen, nicht verstehen. Woher sollte ich so eine Krankheit bekommen? Ich hatte vor, in und auch nach meiner Ehe nur Geschlechtsverkehr mit meinem Mann, ich habe nie Drogen genommen. Und nun bekomme ich gerade diese Krankheit, bei der immer gleichzeitig von Schuld oder Unschuld gesprochen wird, bei der es sofort heißt: diese Frau ist bestimmt fremdgegangen oder hat Drogen genommen und ist selber schuld an ihrer Krankheit! Doch ich habe mich nie Risiken oder Gefahren ausgesetzt und war immer treu. Bis heute weiß ich nicht genau, woher ich es habe und ich frage mich öfter: warum? Warum gerade ich? Womit habe ich das verdient? Warum passierte das mir? Ist es eine Strafe? Wofür? Damals war AIDS für mich gleichbedeutend mit Tod und ich hatte große Angst um meine Kinder. Wer sollte sie versorgen, wenn ich bald nicht mehr bin?

Doch gleichzeitig hat mich das Ergebnis auch stark gemacht. Ich hatte mich von meinem Mann getrennt und scheiden lassen, um endlich ein unabhängiges, freies Leben führen zu können, und das tun zu können, was ich wollte. Ich wollte einen Beruf erlernen und meine Ausbildung beenden. Und vor allem wollte ich so lange wie möglich für meine Kinder da sein und ihre Entwicklung miterleben. Ich hatte noch so viele Wünsche, Pläne und Ziele und so begann ich, jetzt erst recht weiter zu kämpfen. Mein starker Lebensmut und Lebenswille haben mir sicher dabei geholfen.

Eigentlich habe ich wenig Probleme mit meiner Krankheit. Es sind die anderen, die Außenstehenden, die HIV-Negativen, die Probleme damit haben, die die Krankheit nicht verstehen, Positive verurteilen und falsch beschuldigen. Mich belastet es, dass ich nicht frei über meine Krankheit sprechen kann, dass ich niemandem davon erzählen kann, obwohl ich das oft möchte. In all den Jahren habe ich es erst drei Mal gewagt, Freundinnen von meiner Krankheit zu erzählen und ich habe leider nur schlechte Erfahrungen gemacht. Immer bin ich abgewiesen und abgelehnt worden und der Kontakt zu ihnen ist kurze Zeit später abrupt abgebrochen worden. Deshalb wage ich es nicht mehr, anderen Menschen von meiner Infektion zu erzählen und fühle mich wegen all der Vorurteile, dem Unwissen und den Schuldvorwürfen manchmal als Mensch 2. Klasse. So würde ich mir sehr wünschen, dass HIV öffentlicher gemacht wird, dass mehr Aufklärung geschieht, damit die anderen besser damit umgehen können, keine Angst mehr davor haben und auch wissen, woher die Krankheit kommen kann."

Mich hat dieser Bericht sehr angerührt. Mir ist dabei aus der Sicht von der anderen Seite bewusst geworden, das AIDS-Kranke nicht nur an der Bedrohung durch die Krankheit leiden sondern zusätzlich noch an Stigmatisierung. Wir wissen alle, wie befreiend es ist, sich seine Sorgen von der Seele reden zu können. Sie sind danach nicht einfach weg. Aber die Last ist leichter zu tragen und Gespräche öffnen oft den Blick ins Freie. „Geteiltes Leid ist halbes Leid. Geteilte Freude ist doppelte Freude," sagt ein bekanntes Sprichwort. Wie schlimm, und wie völlig unnötig ist es doch, dass HIV-Infizierten diese einfache und selbstverständliche Form von Menschlichkeit verwehrt wird: Einfach frei reden zu können. Und wieder einmal muss ich mir sagen lassen – zu recht sagen lassen: Eigentlich ist HIV gar kein so großes Problem. Es sind die HIV-Negativen, die die Probleme damit haben, und die Probleme machen.

Als HIV-Negativer, oder ehrlicher Weise muss ich ja sagen, als Mensch mit unbekanntem HIV-Status, möchte ich jetzt damit aufhören. Ich möchte dem Wunsch von Eva nachkommen und anfangen, offen darüber zu reden. Das ist gar nicht so einfach. Wir haben in unserer Vorbereitungsgruppe gemerkt, dass wir trotz ehrlichem Bemühen immer wieder mit eigenen Vorurteilen und Tabugrenzen konfrontiert wurden. Vor allem wenn es um Liebe und Partnerschaft, Sexualität und die Benutzung von Kondomen geht... und wenn wir über den menschlichen Körper, das heißt **über uns**(!) nicht wie über eine Dampfmaschine sprechen wollen, sondern Romantik und Hingabe oder auch enttäuschte Liebe dabei ihren Platz haben sollen, dann geht es nicht um eine „Sache" sondern um etwas sehr Persönliches. Und es ist ganz schön schwer, offen und gleichzeitig angemessen und respektvoll darüber zu reden.

Darum möchte ich es deutlich sagen: Die Erkrankung an AIDS ist keine Strafe. Sie ist auch keine Schande. Niemand hat das Recht, auf andere Menschen herabzusehen, als wären sie Menschen 2. Klasse. Paulus macht das im 1. Korintherbrief sehr deutlich – und das gilt genauso auch für HIV-Infizierte. Das heißt auch umgekehrt: Niemand soll, ja niemand darf sich selbst gering schätzen. Und wo Geringschätzung doch vorkommt, da macht Paulus uns deutlich: Die gering geachteten betrachtet Jesus als unverzichtbar.

Der Leib Christi hat AIDS. So lautete die Überschrift eines Artikels, den ich bei der Vorbereitung las. Das klang in meinen Ohren zunächst etwas provokativ. Doch beim zweiten Lesen musste ich mir sagen: Karlfried, mit dem, was du über AIDS in Südafrika, in Osteuropa und bei uns in Hamburg gelesen hast, hättest du das eigentlich längst wissen müssen: Wenn Menschen in unserer Mitte, Menschen in unserer Kirche an AIDS leiden, dann leidet der ganze Leib Christi, zu dem ich gehören möchte, daran. Gut, dass einer es so deutlich gesagt hat, dass auch ich es verstanden habe. Bitten wir Christus, dass er uns helfen möge, die neuen Trennungen an seinem Leib zu überwinden.

Predigt zu Matthäus 4,1-11 (Versuchung Jesu)
am Sonntag Invokavit 10.2.2008
im Eine-Welt-Gottesdienst
zum Thema „Gentechnik"

Liebe Gemeinde,

Im Juli vergangenen Jahres waren Mitglieder unserer Bundesschlussgruppe zusammen mit Gästen aus Roosboom, Südafrika, einer zwangsumgesiedelten Gemeinschaft, mit der wir eine Partnerschaft pflegen, im Rahmen eines Seminars auf dem Demeterhof am Stüffel in Volksdorf. Gesunde Ernährung war unser Thema. Peinlicherweise hatte am Vortag eine Referentin uns die ganzen Gefahren der Überernährung bei uns in Deutschland geschildert – und das zusammen mit Menschen, die in ihrer Not gar nicht wissen, wie sie ihre Schüler oder Kindergartenkinder überhaupt täglich auch nur mit einer Mahlzeit vorsorgen sollen. Es trieb mir die Schamröte ins Gesicht, als Sipho Mazibuko sagte: „I did not even know, that there was anything like supernutrition (Überernährung)." Selten war mir die Zerrissenheit unserer Welt in Nord und Süd, in Arm und Reich so hautnah. Auf dem Stüffelhof ging es um ökologischen Landbau. Schon in der Art und Weise wie Karin Scheewe, unsere Referentin, mit der Hand durch die Erde fuhr und sagte: „Erde ist für uns kein Rohstoff mit einer bestimmten chemischen Zusammensetzung sondern ein lebendiger Organismus", wurde mir klar, dass hier eine ganz andere Vorstellung nicht nur von Gartenanbau sondern auch von Wirtschaften und Leben überhaupt zugrunde liegt. Dann schnappte ich auf, dass die neuen hybriden Saatgutarten nicht keimfähig sind, und Landwirte, die sich einmal darauf eingelassen haben, ihr Saatgut fortan nicht mehr selbst herstellen

können, sondern gezwungen sind, es bei der Saatgut-
industrie jedes Jahr neu zu kaufen. Sie werden künstlich
in eine nicht notwendige Abhängigkeit gebracht. So
kam es zu dem Thema für den diesjährigen Eine-Welt-
Gottesdienst. - Zur Vorbereitung bekam ich ein Buch
über Gentechnik an die Hand: Von Angela von Beesten
mit dem Titel "Den Schatz bewahren – ein Plädoyer für
die gentechnikfreie Landwirtschaft."[16] Ich hatte vorher
keinen Anlass gehabt, mich mit Gentechnik zu beschäf-
tigen. Außer Fernsehnachrichten, der Auseinandersetzung über die Öffnung der EU-Märkte durch Kenn-
zeichnungspflicht und ein allgemeines Unbehagen an
der Genmanipulation überhaupt, ist das Thema - muss
ich zu meiner Schande gestehen - weitgehend an mir
vorübergegangen. Ich ahnte nicht, was für ein Abgrund
sich da vor mir auftun würde.

Ich wusste nicht, dass die Ergebnisse gentechnischer Veränderungen ziemlich unkontrollierte Zufalls-
produkte sind, denn das Wort „Gentechnik" suggeriert
agrarwissenschaftliche   Ingenieursleistungen   von
höchster Präzision. Aber ich hätte es besser wissen können. Ich hätte es wissen können, dass man die Moleküle
bestimmter Sequenzen einer DNA-Kette nicht mit der
Pinzette anfassen kann – und auch nicht mit einem
Laserstrahl, um sie in einer anderen Zelle an einer anderen Stelle einzufügen. Die Experimente mit der sog.
Genkanone sind wie wilde Schießereien im Schrot-
schussverfahren, welche die meisten Pflanzenzellen
nicht überleben.

Ich wusste nicht, dass zum Markieren der veränderten Gene Antibiotikaresistenzen verwendet und freigesetzt werden – und das obwohl wir ja heute schon in
der Medizin große Probleme damit haben, dass viele
Krankheitserreger antibiotikaresistent sind.

Ich wusste nicht, in welch hohem Maßstab heute schon in den USA und Ländern der sog. Dritten Welt gentechnisch verändertes Saatgut angebaut wird und damit unkontrolliert und räumlich unbegrenzbar in der Umwelt freigesetzt werden.

Ich wusste nicht, dass mit der Gentechnik Gene von Pflanzen in Zellen von Tieren und Menschen eingeschleust werden und umgekehrt. Ein Vorgang, der in der Natur - bei Fortpflanzung und Züchtung - überhaupt nicht möglich ist. Bei solchen Zellen sind die Wirkungen und Wechselwirkungen bei weiteren Kreuzungen noch völlig unerforscht, wenn sie sich auf Grund ihrer Komplexität überhaupt je werden überschauen lassen. Welche Eigenschaften, Kombinationen, Allergien, Unverträglichkeiten – ja und auch Todesursachen von ihnen ausgehen können – ist weitgehend unbekannt. Und solche Zellen sind bereits in großem Umfang in der Natur freigesetzt worden. Wo ihre veränderten Gene bei der Fortpflanzung in der freien Natur unbeabsichtigt und unkontrollierbar auf andere Arten übertragen wurden, sich ausgekreuzt haben – spricht man – zu Recht - von gentechnischer Verschmutzung, deren Folgen heute noch völlig unabsehbar sind. Und es ist ein Vorgang, der unumkehrbar ist. Deshalb schätze ich die Bedrohlichkeit – nach dem, was ich gelesen habe, genauso hoch ein, wie das Problem der Strahlung und des radioaktiven Mülls, der bei der Kernkraft freigesetzt und den nachfolgenden Generationen kaum lösbare Probleme hinterlässt.

Ich wusste nicht, dass 75% der genetisch veränderten Pflanzen, die weltweit angebaut werden, herbizidresistent gemacht wurden. Das heißt, zur Ertragssteigerung werden die Anbauflächen breitflächig höher dosiert mit sog. Pflanzenschutzmitteln, Herbiziden überzogen – oder deutlicher gesagt vergiftet – die lateinische Silbe „-zid" bedeutet Mord. Und die gentechnisch veränderten Pflanzen sind die einzigen, die diese Vergiftung überleben, eben weil sie herbizid-(Pflanzenmord-) resistent sind. Was ist das für eine Landwirtschaft? Und was sind das für Lebensmittel – von der Genmanipulation einmal ganz abgesehen – was sind das für Lebensmittel, die dabei herauskommen? Wie hoch ist ihr Giftgehalt? Anders gefragt: Verdienen sie überhaupt noch den Namen Lebensmittel? Dienen sie wirklich noch dem Leben oder nicht vielmehr schon dem Tod?

Ich kann das hier alles gar nicht so schnell wiedergeben sondern nur andeuten. Meine Aufgabe ist auch kein naturwissenschaftlicher Vortrag sondern eine Predigt, das heißt eine theologische Deutung und Bewertung. Ich habe ein paralleles Szenario gefunden in dem Science Fiction Film „Jurassic Park", der 1993 von Steven Spielberg gedreht wurde: Um einen Freizeitpark auf einer Karibik Insel besonders attraktiv und damit viel Geld zu machen, wurden mit Hilfe der Gentechnik DNA-Stränge von Sauriern geklont. Das Erbgut der Saurier hatte man aus dem Blut urzeitlicher Insekten gewonnen, die die Saurier gestochen hatten und dann in Bernstein eingeschlossen, Millionen von Jahren überdauert hatten. Wie bei der heutigen Anwendung der Gentechnik gelingt es Steven Spielberg hervorragend, die Illusion der Antagonisten zu inszenieren „Schöpfung ist machbar". Doch den Menschen, die sich hier die Rolle des Schöpfers anmaßen, gerät die Sache außer Kontrolle, und die Saurier wenden sich als unbändige fleischfressende Monster gegen die Menschen selbst.

Eine kritische – ja eine prophetische - Stimme erhebt in dem Film von Anfang an ein Chaosforscher, der die gentechnischen Klonarbeiten kommentiert mit dem Satz: „Ich bin erschrocken über diesen eklatanten Mangel an Ehrfurcht vor dem Leben." Das Desaster am Ende des Filmes versteht er als das Ergebnis einer Auflehnung gegen Gott und beschreibt den Zusammenhang so: **„Gott schuf die Saurier, dann tötete Gott die Saurier. Gott schuf Adam, dann tötete Adam Gott. Adam schuf die Saurier neu. Nun töten die Saurier Adam."** Kürzer und präziser kann man es gar nicht auf den Punkt bringen. Man braucht ja selbst gar keine persönliche Vorstellung von Gott zu haben, man braucht nicht einmal selbst an Gott zu glauben, um dem Umkehrschluss zuzustimmen: **Der Mensch jedenfalls ist kein Gott.** Und dort, wo der Mensch sich göttliche Eigenschaften anmaßt, da irrt er. Dort, wo der Mensch sich selbst Allmacht, Allwissenheit oder Unfehlbarkeit anmaßt, oder sich in Situationen bringt, die solche Menschen erfordern, da braucht es auch gar keinen eifersüchtigen oder rachsüchtigen, strafenden Gott. Da werden die Taten des Menschen selbst ihren Tribut fordern und auf ihn zurück schlagen. „Das Leben bahnt sich seinen Weg", sagt der Chaosforscher, als die Saurier aus dem Jurrassic Park ausbrechen. Nur, ob es dann noch einen Lebensraum für den Menschen bergen wird, das ist die Frage.

Das Evangelium dieses ersten Sonntags der Passionszeit (Invokavit) ist die Geschichte der Versuchung Jesu. Es gäbe kaum eine bessere Geschichte, um die Versuchungen, welche die wirtschaftlichen Interessen an der Gentechnik vorantreiben zu deuten. Der Teufel sagt – und Jesus ist nach vierzig Tagen des Fastens sehr hungrig: Bist du Gottes Sohn? Wenn du wirklich allmächtig bist, dann zeige es doch, in dem du diese Steine in Brot verwandelst. Ja, wer Steine in Brot verwandeln kann, der kann nicht nur seinen eigenen Hunger stillen, der könnte dem Hunger der ganzen Menschheit ein Ende bereiten, so wie es die Gentechnik verspricht. Aber Jesus widersteht der Versuchung und erweist sich ganz als Mensch. Er erweist sich ganz als der, von dem wir zu Weihnachten gesungen haben: „Er äußert sich all seiner Gewalt, wird niedrig und gering; und nimmt an eines Knechts Gestalt, der Schöpfer aller Ding."

Dann führt ihn der Teufel auf die Zinne des Tempels und sagt zu ihm: Bist du Gottes Sohn, so wirf dich hinab, denn es steht geschrieben: Er hat seinen Engeln befohlen, dass sie dich auf den Händen tragen, damit du nicht mit deinem Fuß an einen Stein stößt." Doch Jesus widersteht auch dieser Versuchung. Die Gentechnik erlaubt sich jedoch, unsere Schöpfung in einen Abgrund hinabzustürzen, dessen Folgen völlig unkontrollierbar und unabsehbar sind mit ihren Schäden für den Lebensraum von Pflanzen, Tieren und Menschen. Sie beschwören dabei keine Engel, die uns beschützen werden, sondern maßen es sich selbst an, die Retter zu sein, mit ihren unfehlbaren, allmächtigen und allwissenden Methoden von Wissenschaft und Technik – jedenfalls dann, wenn sie weit genug fortgeschritten sein werden.

Schließlich führt der Teufel Jesus auf einen hohen Berg, zeigt ihm alle Reiche der Welt und ihre Herrlichkeit und sagt zu ihm: Das alles will ich dir geben, wenn Du niederfällst und mich anbetest." Doch Jesus antwortet: Weg mit dir, Satan! Denn es steht geschrieben: „Du sollst allein den Herrn, deinen Gott, anbeten und ihm dienen." Doch die Anbetung des Geldes und nichts Geringeres als die Macht über alle Reiche der Welt ist die Triebfeder, mit der die Gentechnik in der Landwirtschaft vorangetrieben wird. Nach dem Irak-Krieg haben die US-Besatzer unter dem Etikett des Wiederaufbaus, der Demokratisierung und der Liberalisierung der Märkte den Irak mit staatlich subventionierten, gentechnisch produzierten billigen Agrarprodukten überschwemmt, mit der Folge, dass die irakischen Bauern ihr unter kümmerlichen Bedingungen Produziertes nicht mehr los wurden, und in Gefahr standen, durch Verschuldung ihr Land zu verlieren. Maxime dieser Politik ist: Wer die Nahrung kontrolliert, hat die Macht. Und das Spiel hat den Namen „Biopoly" und ist eine Variante des wohlbekannten „Monopoly".

Im Jahr 2002 waren mehrere Millionen Menschen in Afrika einer akuten Hungersnot ausgesetzt. Die USA boten Nahrungsmittelhilfe mit gentechnisch verändertem Mais an. Doch die Staatschefs von Sambia, Simbabwe und Mosambik lehnten sie ab, weil sie die Risiken für die Gesundheit und die Umwelt fürchteten. Der US-Botschafter bei der UNO warf ihnen Verbrechen gegen die Menschlichkeit vor und forderte, sie vor Gericht zu stellen. Doch sie hielten stand. Das macht Mut, dass es solche Beispiele tatsächlich gibt, dass hungernde Menschen wie Jesus nach 40 Tagen fassten, der Versuchung widerstehen, Steine in Brot zu verwandeln, um der Zukunft zu dienen.

Ich gestehe, dass ich Stellen in der Bibel, in denen vom Teufel die Rede ist, nur mit Unbehagen lese. Denn ich kann ihn mir nicht als eine leibliche Gestalt vorstellen. Aber ich muss gleichzeitig gestehen, dass ich die Versuchungen, mit denen die Gentechnik eingesetzt wird um zu Geld und Macht zu gelangen, als von einer dämonischen Macht angetrieben empfinde.

Doch der Friede Gottes, der höher ist als alles, was wir empfinden und verstehen, umfange unsere Herzen und Sinne durch Jesus Christus. Amen.

Predigt zu Nehemia 3, 38 und Jesaja 61, 1 – 11
im Bundesschlussgottesdienst am 15.11.2009

Liebe Gemeinde!

Die Bibeltexte für den jährlichen Bundessschluss-gottesdienst kommen abwechselnd aus Deutschland und Südafrika. Und es ist für uns immer wieder bewegend, zu wissen, dass wir mit unseren Bundesschluss-partnern entweder am gleichen Sonntag, oder in der gleichen Zeit Gottesdienst zum gleichen Bibelwort feiern, um so unsere Verbundenheit im Glauben und in der Gemeinschaft als Glieder am Leib Jesu Christi zu feiern und zu erleben.

In diesem Jahr haben unsere Partner in Südafrika den Bibeltext ausgesucht. Es ist nur ein einziger Vers aus dem Buch des Propheten Nehemia und lautet: **Aber wir bauten die Mauer und schlossen sie bis zur halben Höhe. Und das Volk gewann neuen Mut zu arbeiten.**

Beim ersten Lesen gab uns dieser Text ein Rätsel auf. Was wollen uns unsere Freunde in Südafrika bloß sagen mit diesem Wort von der Errichtung einer Mauer – uns, die wir in dieser Woche so bewegend des Mauer-falls vor zwanzig Jahren gedachten. Mauern waren für uns ein Symbol der Trennung: die Berliner Mauer, der eiserne Vorhang. „Und dennoch sind da Mauern zwischen Menschen..." singen wir in dem bekannten Jugendlied. Das Wort von der Mauer war für uns negativ besetzt. Es stand für etwas, das überwunden werden sollte.

Doch dann erschlossen wir uns den Hintergrund dieses Wortes. Der Prophet Nehemia lebte in der Zeit nach der Rückkehr des Volkes Israel aus der Gefangen-schaft in Babylon im 6. Jahrhundert vor Christus. Mit der Mauer ist die Stadtmauer Jerusalems gemeint, eine Mauer die Schutz bietet vor Feinden und die Lebensraum gewährt – also ein ganz positiv besetztes Bild.

Als das Volk Israel noch in Babylon lebte, hatten sich über Jahrzehnte hinweg alle Hoffnungen auf den Moment der Rückkehr in die Heimat und auf den Wiederaufbau des Tempels in Jerusalem gerichtet. Die Gegenwart in Babylonien war bei allem Prunk und aller Fortschrittlichkeit der Großmacht im Empfinden der Israeliten ein minderwertiges Schattendasein in der Fremde geblieben.

Nun waren sie wieder zu Hause. Und was fanden sie dort vor nach der langen Wanderung aus dem Exil? Die Trümmer, die sie hinterlassen hatten. Der Tempel zerstört und die Städte verwüstet. Die Rückkehr in die Vergangenheit war nicht gelungen – wie könnte sie auch gelingen? Und ein wirklicher Aufbruch in eine neue Zukunft mit all ihren Mühseligkeiten und Ungewissheiten war eigentlich gar nicht gewollt. Wo große Erwartungen waren, da hat man ganz besonders mit Enttäuschung zu kämpfen. So setze bald nach der Rückkehr eine große Lähmung und tiefe Resignation ein. Dumpf und interesselos lebte die Bevölkerung dahin. Der Aufbau der Städte und des Tempels stockte. Es gab keine rechten Zukunftsperspektiven. Die Heilsgeschichte Gottes mit seinem Volk schien wie abgebrochen.

Das ist die Situation, die Nehemia beschreibt. Vor diesem Hintergrund wirkt es fast wie ein Wunder, dass er berichten kann: Wir aber bauten die Mauer, die Stadtmauer und schlossen sie bis zur halben Höhe. Und das Volk gewann neuen Mut zu arbeiten!

Noch eindrucksvoller als diesem Bericht Nehemias entnehmen wir es den Worten des Propheten Jesaja, der seine Verkündigung zur gleichen Zeit an das Volk richtet (Jes. 61,1-11). In dieser trüben Zeit sagt Jesaja nicht nur die *Zukunft* sondern die *Gegenwart* des Handelns Gottes an. „Gott hat mich gesandt, den Elenden gute Botschaft zu bringen, die zerbrochenen Herzen zu verbinden, den Gefangenen die Freiheit zu verkündigen und ein Gnadenjahr des Herrn."

Ein Krankenhausseelsorger an einer psychiatrischen Klinik reagierte vor einiger Zeit im Pastorenkonvent ganz allergisch auf diesen Text. Er sagte: „Ich erlebe auf meinen Stationen tagaus und tagein, wie mühevoll Menschen einzelne, ganz kleine Schritte gehen. Ich glaube, in der Kirche benutzen wir zu vollmundig große Worte und stellen uns das alles viel zu einfach vor."

Jesaja hat sich das keineswegs einfach vorgestellt. Er wusste, wie mühevoll derartige innere Veränderungsprozesse von Lähmung und Resignation in kleinen Schritten zu neuer Hoffnung und neuem Lebensmut sind. Seine Botschaft heißt nicht „Heile, heile Segen..." oder „Es wird schon wieder werden", oder „Alles wird wieder gut." Er vertröstet das Volk nicht in seinem Elend und er kündigt ihm auch keine Wunder an, sondern er befähigt es zur Rückkehr in die Trümmer der eigenen Vergangenheit." Er sagt: „Sie werden die alten Trümmer wieder aufbauen und, was vorzeiten zerstört worden ist, wieder aufrichten. Sie werden die verwüsteten Städte erneuern, die für Generationen zerstört gelegen haben." Wo der Geist Gottes die Fesseln löst, von Schuld und Enttäuschung frei macht, den Blinden die Augen für ihre Realität öffnet, da wächst neue Hoffnung. Und zwar nicht die Hoffnung auf ein Wunder, sondern die Hoffnung, die zur Rückkehr in die Trümmer ermutigt.

Und das Neue braucht Zeit zum Wachsen. Nicht ohne Grund benutzt Jesaja dafür das Bild des Baumes und der Pflanzung, des Gartens. Das Neue wird wachsen, so wie aus dem Boden die Saat keimt. In der Pflanzung Gottes wachsen die Pflanzen langsam – aber stetig. Und das braucht Geduld. Und – um einem weiteren Missverständnis zu wehren – Geduld ist nicht Nichtstun, sondern schwere Arbeit: Geduldiges Begehen, Sichten, Ordnen und Umräumen der Trümmer.

Jesaja stiftet eine Hoffnung gegen den Augenschein, Hoffnung, wo es nichts zu sehen gibt, Hoffnung, wo alles dagegen zu sprechen scheint. Martin Luther benannte diese Hoffnung später mit der lateinischen Formel: experientia contra experientiam; die Erfahrung des Glaubens *gegen* die Erfahrung der Welt. Und wir erleben sie ja sehr real. Wir erleben sie dort, wo ein Mensch in auswegloser Lage dennoch gewiss ist, wo ein Mensch in aller Verzweiflung trotzdem getrost seinen Weg gehen kann.

Auf diese Weise erschloss sich uns, was unsere Partner in Südafrika uns durch diesen Text mitteilen wollten. Während der Apartheidzeit hatten sie ihren Mut zum Widerstand vor allem aus Texten wie der Sklaverei in Ägypten gewonnen. „Go down Moses, tell ol' Pharaoh, let my people go." Jetzt gibt es keinen Pharao, kein Feindbild, keinen Unterdrücker mehr. Viele Schwarze sagen sich: Ich kann jetzt zwar wählen, aber an meinem Leben in Armut hat sich nichts geändert. Sechzehn Jahre nach den ersten demokratischen Wahlen, bei denen Nelson Mandela als Präsident hervorging, droht vielen Schwarzen, dass sie den Mut verlieren und die Hoffnung, dass sich an ihren Lebensumständen etwas ändern wird. Eindrucksvoll habe ich noch die Tränen von Sipho Mazibuko aus Roosboom in Erinnerung, als wir ihn vor zwei Jahren bei uns zu Besuch hatten. Als wir den Demeterhof am Stüffel besuchten und dort durch die Gemüsefelder gingen, sagte er: in solchen Reihen stand das Gemüse auch auf den Feldern meines Vaters in Roosboom. Seit der Zwangsumsiedlung liegen sie brach. Doch als Lehrer habe ich nicht die Zeit und die Kraft, das Land wiederaufzubauen.

Umso besser verstehen wir, warum unsere Partner jetzt vor allem Bibeltexte von der Wüstenwanderung nach der Flucht aus Ägypten lesen und von der mühsamen Zeit nach der Rückkehr aus der Babylonischen Gefangenschaft. Hier finden sie Ermutigung für ihre so ähnliche Situation. „Wir aber bauten die Mauer und das Volk gewann neuen Mut zu arbeiten." The People had a heart and mind to work, heißt es in der englischen Fassung, die uns übermittelt wurde.

Das sind ja auch gute Worte für uns! Das Wort von der Rückkehr in die Trümmer lässt mich zurückdenken an die Trümmerfrauen, die sich nach dem 2. Weltkrieg an die Arbeit des Wiederaufbaus gemacht haben. Frauen... weil es kaum noch Männer gab. Zwanzig Jahre nach dem Fall der Mauer sind auch wir noch weit entfernt von den blühenden Landschaften in Ostdeutschland. Arbeitslosigkeit, Landflucht und Wirtschaftskrise nehmen vielen die Hoffnung, dass das je anders werden könnte. Auch wir brauchen Hoffnung gegen den Augenschein.

Hoffnung gegen den Augenschein! Sehr eindrucksvoll hat die Witwe des Nationaltorwarts Robert Enke sie in ihrer Traueranzeige zum Ausdruck gebracht, die sie mit einem Zitat des tschechischen Schriftstellers Vaclav Havel überschrieb: Hoffnung ist nicht die Überzeugung, dass etwas gut ausgeht, sondern die Gewissheit, dass etwas Sinn hat - gleich wie es ausgeht.

Sollte Gott sich hier in den Trümmern finden lassen? In den Trümmern in Jerusalem, in den Trümmern in Südafrika, in den Trümmern in Hannover? Dann hat er sich aber tief verborgen.

Jesaja sagt: JA. Er sagt nicht, alles ist gut – oder alles wird gut. Aber er sagt: Gott ist DA! Schon jetzt. Mitten zwischen unseren Trümmern, den Trümmern der Städte, den Trümmern der Seele, den Trümmern des Lebens. Er ist da, den Elenden gute Botschaft zu bringen, die zerbrochenen Herzen zu verbinden und den Gefangenen Freiheit zu verkündigen und ein Gnadenjahr des Herrn. Wer verzweifelt ist, sieht neuen Mut. Wer weinen muss, sieht wieder Land. Vielleicht unter Tränen – aber doch neues Land. Er macht uns fähig, zu den alten Trümmern und zerbrochenen Hoffnungen zurückzukehren und wieder aufzubauen, was zerstört ist.

Wer sich aufgemacht hat, kann in den Lobgesang Jesajas mit einstimmen, nicht erst später, sondern schon jetzt: "Ich freue mich im Herrn, und meine Seele ist fröhlich in meinem Gott; denn er hat mir die Kleider des Heils angezogen und mich mit dem Mantel der Gerechtigkeit gekleidet." Amen.

Predigt zum Eine-Welt-Gottesdienst
mit Hebräer 4,12-13 am 7.2.2010
„Learning to be white
- oder Begegnung auf Augenhöhe"

Liebe Gemeinde!

Eines meiner Lieblingsbücher ist und bleibt „Der kleine Prinz" von Antione de Saint-Exupéry. Eine Episode daraus ist sehr erhellend für unser heutiges Thema: „Begegnung auf Augenhöhe". Deshalb möchte ich davon erzählen:

Der kleine Prinz kam auf seiner Reise zum ersten Planeten. Auf diesem wohnte ein König. Der König thronte in Purpur und Hermelin auf einem Thron. Als der König den kleinen Prinzen sah, rief er: „Ah! Sieh da, ein Untertan!" Der kleine Prinz fragte sich: „Wie kann er mich kennen, da er mich noch nie gesehen hat!" Er wusste nicht, dass für Könige die Welt etwas sehr Einfaches ist: Alle anderen Menschen sind Untertanen.

Da er sehr müde war, gähnte der kleine Prinz. „Es verstößt gegen die Etikette, in Gegenwart eines Königs zu gähnen", sagte der Monarch. „Ich verbiete es dir." „Ich kann es nicht unterdrücken", antwortete der kleine Prinz", Denn ich habe eine weite Reise gemacht und habe nicht geschlafen..."

„Gut. Dann befehle ich dir zu gähnen", sagte der König. „Ich habe seit Jahren niemanden gähnen sehn. Gähnen ist für mich eine Seltenheit. Los. Gähne noch einmal. Das ist ein Befehl."

„Das ängstigt mich! Jetzt kann ich nicht mehr..." stammelte der kleine Prinz und errötete. „Hm, hm!" antwortete der König. „Also, dann befehle ich dir, mal zu gähnen und mal nicht zu gähnen", und schien etwas verärgert. Zum Glück war er ein gütiger Monarch und gab nur vernünftige Befehle." – So weit aus dieser Episode im Buch.[17]

Wir schmunzeln über diese Begegnung und erkennen sofort die verzerrte Beziehungsaufnahme in dieser Begegnung durch die Selbstdefinition des Königs und die Rollenzuweisung an den kleinen Prinzen als Untertan. Denn wir als Leser erleben die Geschichte aus der Perspektive des kleinen Prinzen. Doch wie mag sich diese Begegnung aus der Perspektive des Königs anfühlen. Wir wissen es nicht.

In der Begegnung mit Menschen, die eine andere Hautfarbe oder ein anderes Aussehen haben, die anders sprechen, denken oder glauben als wir, weil sie z.B. aus einem anderen Land kommen – da haben die weißen Deutschen unter uns in der Regel die Königsrolle... oft ohne es zu merken, weil wir es so selbstverständlich finden.

Das hat eine lange Geschichte – eine *Jahrhunderte* lange. Die Geschichte des Kolonialismus. Ende des 17. Jahrhunderts wurde eine Rassenlehre entworfen, um die Vorherrschaft der Europäer auf unserm Globus zu begründen. Der französische Arzt Francois Bernier teilte 1684 die Menschheit in vier oder fünf Arten von Rassen ein. Dabei wurde die „weiße Rasse" als die überlegenere angesehen. Der sog. „asiatischen Rasse" kam ein mittlerer Platz in der Hierarchie zu, während der sog. „negroiden Rasse" der unterste Platz in der Pyramide der Rassenbeziehungen zugewiesen wurde in der Nähe zum Tierreich.[18]

Seine schlimmsten Auswüchse hat der damit begründete Rassismus wohl in der Selbstdefinition der Deutschen als arischer Herrenrasse während des Dritten Reiches erfahren sowie im Rassenregime der Apartheid in Südafrika.

Mit der Entkolonialisierung in der zweiten Hälfte des 20. Jahrhunderts hat eine große emanzipatorische Gegenbewegung sehr beachtliche Erfolge zur Überwindung des Rassismus errungen. Die Verabschiedung der Charta der Menschenrechte durch die Vereinten Nationen im Jahre 1948 und das Inkrafttreten unseres Grundgesetzes ein Jahr später, nach denen kein Mensch auf Grund seines Geschlechts, Abstammung, Rasse, Sprache, Religion usw. benachteiligt oder bevorzugt werden darf, waren Ausdruck einer fundamentalen Neuorientierung. Die Überwindung des Apartheidregimes in Südafrika mit den ersten demokratischen Wahlen für die Bürgerinnen und Bürger aller Hautfarben im Jahre 1994 sowie die Verabschiedung des allgemeinen Gleichbehandlungsgesetzes (im Volksmund Anti-Diskriminierungsgesetz) im Jahre 2006 in Deutschland waren weitere große Meilensteine. Und dennoch sitzt die Prägung eines Überlegenheitsgefühls bei den meisten weißen Menschen immer noch tief!

Mir persönlich ist meine Prägung durch den Rassismus während meiner 11-jährigen Schulzeit im Südafrika der Apartheidzeit natürlich sehr bewusst. Sie war nicht subtil sondern sehr ausdrücklich. Ich lernte in der Schule, dass Weiße zivilisiert sind und Schwarze nicht. Ich lernte auch, an besonderen Merkmalen Rassen zu unterscheiden. Als ich nach Deutschland kam, habe ich das System von außen zu sehen gelernt. Vor allem durch die Begegnung mit Schwarzen – Opfern der Apartheid hat sich mein Menschenbild fundamental geändert. Im Grunde ist es zur anderen Seite, zu einer sehr ausgeprägten Freundlichkeit gegenüber Schwarzen ausgeschlagen. Doch obwohl ich seit nunmehr über 35 Jahren in der Antirassismusarbeit engagiert bin, muss ich mir und Ihnen – nicht ohne Scham - eingestehen, dass ich den Rassismus in mir immer noch nicht völlig überwunden habe.

Vor einige Zeit war mir wieder so etwas Entlarvendes passiert: Unser PastorInnenkonvent hatte Besuch von einer kirchlichen Delegation aus Chicago, darunter auch zwei schwarze Pastoren. Ich fühlte mich zu ihnen hingezogen und begrüßte sie selbstverständlich auf Englisch. Ich war überrascht, dass der eine in einem ausgezeichneten Deutsch antwortete. Dennoch meinte ich, aus Höflichkeit das Gespräch auf Englisch fortsetzen zu sollen. Zu meiner weiteren Überraschung übernahm er dann die Übersetzung für die Delegation und Propst Bohl stellte ihn als Christoph Schneider vor. Er war deutscher Theologe, in Jena geboren, mit einer (weißen) deutschen Mutter und einem (schwarzen) Afrikaner als Vater. Ich hatte einen deutschen Landsmann trotz seines akzentfreien Deutsch auf seine Hautfarbe festgenagelt. Er beschrieb die gleiche Erfahrung, die vorhin im Anspiel von Babacar erzählt wurde. „In den USA bin ich Ausländer, fühle mich aber wie ein Einheimischer! In Deutschland bin ich Einheimischer, werde aber behandelt wie ein Ausländer." Während er mir das sagte, merkte ich, dass ich es ihm gerade wieder angetan hatte. Und es war mir recht peinlich, dass mein Rassismus ihm gegenüber so nackt und offenbar da lag. Aber das Wort Gottes dringt manchmal durch Seele und Geist; richtet die Gedanken und heimlichen Regungen des Herzens und nichts bleibt vor ihm verborgen. Sondern es liegt alles nackt und aufgedeckt vor den Augen Gottes, dem wir Rechenschaft geben müssen. (siehe Hebräer 4, 12 - 13) Christoph Schneider erzählte dann weiter von der Stigmatisierung als schwarzer Deutscher, der Gründung von Selbsthilfegruppen und schließlich dem Entschluss, in die USA auszuwandern.

Mir ging in dieser Begegnung auf, dass ich Schwarzen gegenüber sehr viel stärker den Impuls habe zu fragen, woher sie kommen, nach ihren Eltern, der Bedeutung ihres Namens usw. Wenn ich mir das klar mache, ist es letzten Endes die Frage danach, wie ich mir ihre schwarze Hautfarbe erklären kann. Und ich bin eigentlich erst zufrieden, wenn ich die Vorfahren in Afrika ansiedeln kann. Sonst ist die Frage nicht beantwortet. Dass ich immer noch überrascht und auch etwas verwundert bin, wenn ich schwarze Deutsche treffe, das spricht Bände! Dabei gibt es viele wie Christoph Schneider, die hier geboren sind - oftmals schon die Eltern oder Großeltern. Deutsch ist ihre Muttersprache und sie haben außerhalb von Deutschland gar keine andere Heimat. Sie gehören zu uns und sind unsere Landsleute. Wir brauchen uns nur die deutsche Fussballnationalmannschaft vor Augen zu halten. Inzwischen weiß ich, dass meine distanzlosen Fragen nach so persönlichen Dingen wie der Familiengeschichte ausgrenzend und verletzend sein können, ein Übergriff in die Privatsphäre. Bei Weißen würde ich mir das bei einer Erstbegegnung nicht erlauben sondern erst bei entstandener persönlicher Nähe. Und dann wäre das Motiv persönliches Interesse und nicht mein Bedürfnis nach Einordnung. Nein, trotz aller Mühe und Bewusstseinsarbeit bin ich leider immer noch nicht frei von Rassismus - und damit wohl auch nicht alleine. Es gibt noch viel zu tun.

Anne Will hatte nach dem Erdbeben auf Haiti eine Runde ins ARD-Studio eingeladen. In der Mitte saßen fünf Weiße. Die beiden Schwarzen aus Haiti jeweils ganz außen. Auf den Vorwurf, dass diese Anordnung rassistisch sei, antwortete die ARD: So sei es in dieser Talkshow immer: Die Experten in die Mitte. Sind die Haitianer keine Experten für Haiti???

In Südafrika können sich Weiße heutzutage ein solches Überlegenheitsgefühl nicht mehr so selbstverständlich leisten. Fanie du Toit, Theologe beim Institut für Gerechtigkeit und Versöhnung entlarvt denn auch die Attitüde der weißen Liberalen, die dem Apartheidregime kritisch gegenüber standen und mit den Schwarzen Solidarität übten. Bei aller Freundlichkeit waren auch sie nicht frei von einer herablassenden Haltung aus einer Position der Überlegenheit heraus, die auf andere Weise paternalistisch war. Aber auf Grund der Machtverhältnisse konnte es Weißen letztlich egal sein, was Schwarze von ihnen dachten. Es spielte keine Rolle. Denn sie waren vor Ausbeutung sicher. Für Schwarze dagegen spielte es eine große Rolle, was Weiße von ihnen dachten und sagten, denn sie waren tief verwundbar. Das hat sich jetzt grundlegend geändert. Jetzt sitzt eine Mehrheit von Schwarzen in den Regierungsämtern, und jetzt spielt es sehr wohl eine große Rolle, was Schwarze von Weißen sagen und denken. Die soziale Identität der Weißen ist nicht mehr durch politische Privilegien und wirtschaftliche Monopolstellungen abgesichert. Das macht Weiße verwundbar und bringt große Verunsicherung mit sich. Viele versuchen sich dadurch zu retten, dass sie versuchen, ihr Weiß-Sein zu leugnen. Doch Fanie du Toit warnt davor, dass dieser Weg nicht zu einer neuen Identität führen wird. Dagegen ermutigt er dazu, eine neue weiße Identität zu suchen, nicht um wieder in rassistisches Denken zurück zu fallen, sondern um in einem empfindlichen Prozess der Selbstreflexion zu einer Begegnung auf Augenhöhe zu kommen. „Diese schmerzhafte Debatte mit seiner Verunsicherung sollte uns willkommen sein", schrieb er bereits 2001.[19]

Es hat mich elektrisiert, als ich im Herbst eine Seminarausschreibung im Haus am Schüberg fand, die genau dieses Thema auf unsere Situation in Deutschland bezieht. „Learning to be white" – bewusst lernen, Weiß zu sein, - nicht als Programm, einen Rassismus wieder herzustellen, sondern umgekehrt: den latenten Rassismus zu überwinden, der dadurch zum Ausdruck kommt, Weiß-Sein als das Normale und im Grunde auch Überlegene unausgesprochen aber selbstverständlich vorauszusetzen.[20] „Learning to be white" – bewusst lernen, Weiß zu sein. Begegnung auf Augenhöhe.

Einige Frauen in unserer Vorbereitungsgruppe haben gleich Parallelen zur Frauenemanzipation entdeckt. Wenn der Mann als Mensch (als das Normale) definiert wird, wer oder was ist dann die Frau? Auch wenn die Emanzipationsbewegung große Errungenschaften vorzuweisen hat, so ist doch auch die Diskriminierung auf Grund des Geschlechts noch lange nicht überwunden. Auch zwischen den Geschlechtern halten tief sitzende Prägungen von Gefühlen und Projektionen der Überlegenheit und der Unterlegenheit uns in Rollenzuweisungen und Rollenzwängen gefangen. Und die Männerbewegung versucht nicht, das Patriarchat wieder herzustellen, sondern neue männliche Identität zu formulieren - auf gleicher Augenhöhe mit Frauen.

Erinnern wir uns noch an das Schmunzeln zu Anfang der Predigt, wo der König den kleinen Prinzen als Untertan definiert. Neben der Erniedrigung des kleinen Prinzen wird ja auch deutlich, dass der König trotz Purpur und Hermelin ein Gefangener ist. Er ist gefangen in seinem Überlegenheitskomplex. Er ist durch seine Haltung zu einer echten Begegnung und wirklicher, menschlicher Gemeinschaft mit dem kleinen

Prinzen gar nicht fähig. Was auch geschieht, er muss es in einen Zusammenhang von Befehl und Gehorsam stellen. Mag sein, dass den König majestätisches Gehabe nicht weiter stört, - ja dass er sich dessen gar nicht bewusst ist, weil es für ihn so selbstverständlich ist. Doch der kleine Prinz bekommt die dadurch verursachte Störung ihrer Begegnung mit voller Wirkung zu spüren. Er stottert vor Angst, dass er gar nicht mehr gähnen kann. Für uns als Betrachterinnen der Szene ist es so offenkundig **der König**, der aus dem Gefängnis seines Rollenzwanges befreit werden muss. Freilich müsste er dazu die Sicherheit seines Käfigs aufgeben und das Selbstbild der Überlegenheit. Das würde ihn verunsichern und verletzbar machen, aber auch menschlich und frei.

Für uns als weiße deutsche Mehrheit kann das heißen: Jetzt schon, solange die Machtverhältnisse noch so sind, wie sie sind: Dem Nachspüren, wo wir heute noch in tief sitzenden Vorurteilen gefangen sind. Wir können uns das bewusster machen, wen wir als „anders" empfinden, und was wir von ihm oder ihr denken. Mehr noch, wir können uns dafür interessieren und genau hinhören, was die sog. Anderen von uns sagen und denken... und es ernst nehmen. An dieser Frage, wie weit uns das gelingt, wird sich die Frage entscheiden, wie integrationsfähig - und damit zukunftsfähig - wir sind. Es wird für uns wie ein Blick in den Spiegel sein und wir werden uns mit den Augen der anderen erkennen. Wir werden erkennen, in welcher Weise wir weiß sind, und ob wir das wirklich *so* wollen. Das mag uns verunsichern und auch verletzbar machen, aber die Wahrheit wird uns frei machen... frei zu echter, menschlicher Begegnung und Gemeinschaft auf gleicher Augenhöhe.

Predigt zu Matthäus 5,13 – 16
zum Bundesschlussgottesdienst am 14.11.2010
(Salz der Erde / Licht der Welt)

Liebe Bundesschlussgemeinde
aus Lohbrügge, Oststeinbek und anderswo!

Ich freue mich, dass wir den Bundesschlussgottesdienst in diesem Jahr wieder gemeinsam feiern und uns auf diese Weise in unserer Solidarität mit Südafrika – exemplarisch durch unsere gemeinsame Partnerschaft mit der zwangsumgesiedelten Siedlung Roosboom – gegenseitig stärken. Stärkung erfahren wir auch durch die Gemeinschaft im Glauben mit unseren Südafrikanischen Partnern, die in diesen Wochen ebenfalls einen Bundesschlussgottesdienst zum gleichen Bibelwort aus dem Matthäusevangelium feiern. Ausdrücklich darf ich herzliche Grüße an Sie und Euch ausrichten von Thoko Zulu und Gugu Shelembe aus dem Christenrat TAMCC in Ladysmith als auch von Gertrud und Detlev Tönsing, die aus dem Gemeindebrief erfahren haben, dass wir heute miteinander unter dem Zeichen des Regenbogens zum Gottesdienst versammelt sind.

Gott hat mit den Menschen einen Bund geschlossen, damit auch wir in einem Bund mit ihm und in einem weltweiten Bund als Schwestern und Brüder miteinander leben. Als Zeichen des Bundes mit Noah hat er einen Regenbogen der Hoffnung an den Himmel gestellt. Und weil die Menschen diesen Bund immer und immer wieder verletzt haben, hat er diesen Bund noch einmal grundsätzlich erneuert durch Jesus Christus, und ihn unter das Zeichen des Kreuzes gestellt. In der Aktion Bundesschluss wollen wir diesem Bund Gottes mit uns Menschen entsprechen und in Solidarität leben mit allen Menschen dieser Erde in einer tiefen Verbundenheit wie die Glieder an einem Leibe, am Leib Jesu Christi, wie der Apostel Paulus es uns vor Augen gehalten hat. Insofern ist die Aktion Bundesschluss nicht nur ein Partnerschaftsverein. Sondern sie ist der Versuch, dieser weltweiten Solidarität mit einer konkreten Partnerschaft sichtbaren Ausdruck zu verleihen. Das ist ein hoher Anspruch. Vielleicht ist er ja auch zu hoch – und gar nicht zu erfüllen. Aber das ist der Anspruch, den Gott selbst an uns richtet. Wir sollen Mitarbeiterinnen und Mitarbeiter am Reich Gottes und seiner Gerechtigkeit sein – hier auf Erden, so viel an uns ist.

Wenn wir dann aber die Welt ansehen, wie sie ist, mit ihrem Unrecht, der Ausbeutung, der zunehmenden Kluft zwischen Arm und Reich, zwischen Nord und Süd, ja auch innerhalb Deutschlands, auch innerhalb Südafrikas, da kann man schon verzagen. Da ereilt mich manchmal das Gefühl der Sinnlosigkeit und ich frage mich: Was hat das eigentlich alles für einen Zweck? Ist das nicht ein utopisches Programm der Weltverbesserung, das zwangsläufig scheitern muss? Als wir das erste Mal Geld für Roosboom gesammelt – Ende der 8oer Jahre; als wir Streichholzschachteln verkauft haben unter dem Motto: Backsteine für Roosboom für den Anbau von Klassenräumen an die Buhlebezwe Schule, da habe ich mich gefragt: Wie wollen wir denn damit helfen, das Apartheidregime zu beenden? Mit Streichhölzern gegen Maschinengewehre und Panzerwagen, und das über diese große Entfernung? Ist das nicht sinnlos? Aber unsere Freunde bestätigen uns immer wieder: Nein! Das war eine ganz wichtige Ermutigung für uns. Dass Menschen unsere Not sahen und uns moralisch unterstützt haben - mit Worten und Taten und Protestaktionen. Das war ganz wichtig für uns. Mit Nelson Mandela als erstem demokratisch gewählten

Präsidenten kam dann eine riesige Aufbruchstimmung auf. Seine Amtseinführung habe ich damals empfunden wie den Anbruch des Himmelreiches auf Erden. Und heute – 15/16 Jahre später? Da regiert wieder lähmende Resignation. Für viele Schwarze hat sich an ihren Lebensumständen nichts geändert. Die Hoffnungslosigkeit in den Townships ist so groß wie eh und je. Eine gerechtere Verteilung des Landes ist ins Stocken geraten. Sipho Mazibuko aus Roosboom hat uns berichtet, das Land, das eigentlich zur Rückgabe an Landlose vorgesehen war, die zwangsumgesiedelt wurden, jetzt an ausländische Geldgeber verkauft werden soll, die dort ein weiteres Wildreservat für Touristen errichten wollen. Eine kleine schwarze Elite ist schnell reich geworden. Aber die Mehrheit leidet nach wie vor unter Arbeitslosigkeit, Armut, Hunger und Aids. Die Kluft zwischen Arm und Reich ist sogar noch größer geworden, als sie es zur Apartheidzeit war. Was ist bloß aus der großen Vision des Himmelreiches geworden?

Wenn uns diese Fragen überkommen, dann ist es wichtig, uns wieder neu an der Bibel auszurichten und aufzurichten. Ihr seid das Salz der Erde, ruft Jesus seinen Jüngern zu, und allen andern, die ihm Nachfolgen. Ihr seid das Salz der Erde. Ihr Seid das Licht der Welt. Nicht mehr und nicht weniger. Auf dem Weg der Gerechtigkeit ist Leben. Nicht mehr und nicht weniger. Im weiteren Verlauf der Bergpredigt spricht Jesus den Auftrag aus: Trachtet zuerst nach dem Reich Gottes und seiner Gerechtigkeit. Doch das ist keine totalitäre Vision. Jesus verspricht denen, die sich auf diesen Weg machen, keine Endlösung. Endlösungen hat uns ein ganz anderer versprochen, und wir gedenken heute nach 65 Jahren immer noch mit Trauer und Entsetzen am Volkstrauertag der zig-Millionen Opfer. Jesus wollte mit seinem Aufruf nicht unsere Allmachtsphantasien beflügeln. Wer sind wir denn, dass wir die ganze Welt verbessern wollten?

Jesus sagt: „Ihr seid das Salz der Erde!" Ich finde, das ist ein ungemein ermutigendes Wort. Wir sollen nicht die ganze Erde versalzen oder in Salz umwandeln. Das wäre ja schrecklich! Nein, wir als kleine Schar von Christinnen und Christen, die diesem Ruf nachfolgen: „Trachtet zuerst nach dem Reich Gottes und seiner Gerechtigkeit" wir sind auch in kleiner Zahl genug, als Stachel im Fleisch, als Salz in der Suppe, als soziales und moralisches Gewissen. In der Versuchungsgeschichte stellt der Teufel Jesus zum Schluss ja nichts Geringeres als die Weltherrschaft vor Augen. Für jemanden, der sich als Messias erweisen will, doch eigentlich ein absolut angemessener Vorschlag. Doch Jesus widersteht dieser Versuchung mit den Worten: „Weiche von mir Satan" und hat damit alle Bewegungen, die sich die Weltherrschaft oder die Erlösung der Welt auf die Fahnen geschrieben haben, als Satansdienst entlarvt. Als Jesus sich kurz darauf in Nazareth als Messias zu erkennen gibt, und keiner ihm glauben will, da weist er seine Hörer auf Elia hin, den sie als Messias erwarten. „Zu Zeit der Hungersnot gab es viele Witwen in Israel. Doch Elia wurde nicht zu ihnen allen, sondern nur zu *der einen* Witwe in Sarepta geschickt, und hat sie und ihren Sohn vor dem Hungertod gerettet mit dem Mehl im Topf und dem Öl im Krug, das nicht alle wurde. Nicht alle, sondern nur *die eine*!!!

Jesus sagt nicht: Mit dem Einsatz für Gerechtigkeit kann man die Welt verbessern. Nein. Er sagt: Auf dem Weg der Gerechtigkeit ist Leben. Nicht mehr und nicht weniger. Zu seinen Jüngern sagt er: Das Reich Gottes kommt nicht so, dass man es mit den Augen sehen könnte. Man kann nicht sagen: Siehe hier, oder siehe dort. Denn siehe, das Reich Gottes ist mitten unter euch. Sehen, wo es nichts zu sehen gibt, das kann man nur mit den inneren Augen. Das Reich Gottes ist schon da, mitten unter uns. Er ist schon da, von dem wir zu Weihnachten singen: Er entäußert sich all seiner Gewalt, wird niedrig und gering. Und er, das Licht der Welt, das in der Finsternis scheint aber nicht ergriffen wird, sagt zu seinen Jüngern und allen, die ihm nachfolgen: Ihr seid das Licht der Welt. Wir dürfen und sollen sein Licht hinaus tragen in das Dunkel der Welt. Ja mehr noch: wir dürfen und sollen selbst Licht sein. Und wo uns das gelingt, sind wir in Christus und er in uns, er in unserer Mitte.

Ich glaube, ich nehme den Mund nicht zu voll, wenn ich sage: Auf unserer Reise nach Roosboom im Frühjahr diesen Jahres haben wir einiges davon erlebt. Wir sind Menschen begegnet, die in Armut leben. Doch ich war zutiefst angerührt davon, wie tief sie im Glauben gegründet sind, wie hoffnungsvoll und zuversichtlich, wie ausdrucksstark in ihrer Frömmigkeit und ihrem Gesang, wie tief verwurzelt in ihrer Tradition. Die Tänze der Jungen und Alten, der Kleinen und Großen, die wir vorhin auf der Leinwand gesehen haben, mögen uns einen kleinen Eindruck von ihrer Lebendigkeit und Lebensfreude gegeben haben – allen widrigen Lebensumständen zum Trotz.

Wir haben Fremdheit überwunden und Freundschaft miteinander geteilt. Welch große Bedeutung unser Besuch in Roosboom für unsere Gastgeber hatte, kam in der Abschiedsrunde sehr stark zum Ausdruck. Nelisiwe Dlamini, die Vorsitzende des Komitees des Ellen Margarete Cooke Créches sagte zum Abschluss: "Ihr seid wirklich Christen. Denn ihr tut was ihr sagt. Ich hätte ehrlich

nicht geglaubt, dass ich persönlich den Tag noch erleben würde, dass weiße Menschen tatsächlich die
Schwelle meines Hauses in Roosboom überqueren, um
mit mir in meinem Haus zu leben, von meinem Geschirr
zu essen, mein Badezimmer zu benutzen und in unseren
Betten mit unseren Betttüchern zu schlafen." Mir ging
durch diese Bemerkung auf, dass es in Südafrika immer
noch große Landstriche gibt, die rein Schwarz sind, in
denen die Apartheid bis heute nicht überwunden ist. Ich
könnte es auf die Formel bringen: In Südafrika finden
wir die "Erste Welt" und die "Dritte Welt" auf engstem
Raum in demselben Land. Seit den Wahlen von Nelson
Mandela hat sich der Bereich der "Ersten Welt" für
Schwarze geöffnet. Aber der Bereich der "Dritten Welt"
ist nach wie vor rein Schwarz und wird von Weißen ge-
mieden. Ich glaube, hoffe und bete, dass wir einen kleinen Beitrag dazu leisten konnten, diese Trennung zu
überwinden und durch unseren Besuch ein Zeichen zu
setzen. Es gibt immer noch mannigfaltige Trennungen
zwischen Schwarzen und Weißen sowohl in Südafrika
als auch hier bei uns. Deshalb ist der Weg der Versöhnung noch lange nicht zu Ende. Darum wollen wir ihn
unter dem Zeichen des Regenbogens weitergehen und
der Verheißung Gottes glauben: Auf dem Weg der
Gerechtigkeit ist Leben. Und dieses finden wir nicht erst
am Ende des Weges sondern schon mittendrin. Und
überall, wo Christus als Licht der Welt unter uns lebendig wird, können wir eigentlich nur eines tun: nämlich
Gott dafür loben und danken! Amen.
Lied nach der Predigt: EG 410 - Christus, das Licht der
Welt ...

G. IKONENBETRACHTUNGEN

Predigt zu Lukas 1,39-56 mit Ikonenbetrachtung zur Hodegetria [21] 4. Advent, den 23.12.2018 (Sinstorf)

Liebe Gemeinde!

Nachdem der Engel Gabriel ihr die Geburt Jesu angekündigt hat, macht sich Maria auf den Weg über das Gebirge zu ihrer Verwandten Elisabeth. Elisabeth begrüßt sie überschwänglich: „Gepriesen bist du unter den Frauen und gepriesen ist die Frucht deines Leibes." Doch damit nicht genug. Elisabeth weiß es schon, dass Maria zur Mutter Gottes auserwählt ist, dass sie den Herrn zu Welt bringen wird. Und nun die Begründung, woher sie das weiß: Denn siehe, als ich die Stimme deines Grußes hörte, da hüpfte das Kind vor Freude in meinem Leibe!" Ist das nicht unglaublich? Elisabeth war lange unfruchtbar gewesen. Im fortgeschrittenen Alter, als niemand es mehr erwartet hat - sie auch nicht - wird sie doch noch schwanger. Sie soll ihren Sohn Johannes nennen, sagt ihr ein Engel. Er wird vom Mutterleib an erfüllt sein mit dem Heiligen Geist und er soll Jesus, dem Sohn Gottes den Weg bereiten. Und nun kommt es zu dieser Begegnung von Elisabeth mit Maria – und damit ja auch der ungeborenen Kinder Jesus und Johannes. Johannes noch ungeboren im Mutterleib ist ganz aus dem Häuschen und fängt an wie wild zu strampeln. Da fängt er schon vor seiner Geburt mit seinem Auftrag an, Jesus der Welt anzukündigen. Die erste, der er es mitteilt, ist seine Mutter Elisabeth. Da fehlen mir die Worte. Elisabeth fährt fort mit den Worten: Selig bist du, die du geglaubt hast! Denn es wird vollendet werden, was dir gesagt ist von dem Herrn!"

Auf dem Bild, das sie in der Hand halten, ist diese Vollendung zu sehen: eine Ikone mit der Mutter Maria und dem Christuskind.

Auf den ersten Blick sieht die Ikone gar nicht weihnachtlich aus. Dabei ist die Darstellung von Maria mit dem Kind doch Weihnachten pur! Bezeichnend ist auch der Name der Ikone. Nicht „Maria und Jesus" oder „Mutter Gottes mit Heiland" Die Ikone trägt den Namen „Hodegetria", zu Deutsch „Wegführerin". Sie will uns einen Weg weisen – uns in einen Weg mit hineinnehmen. Das Urbild befand sich um die Mitte des 9. Jahrhunderts in einem Kloster in Konstantinopel. [22]

Es ist eine einfache Darstellung: Das Christkind wird zärtlich umfangen vom linken Arm seiner Mutter Maria, während ihre rechte Hand auf ihn hinweist. Von großer Bedeutung ist die Richtung, in welche die Augen weisen. Mit der Neigung der Häupter, der Haltung der Hände und der Ausrichtung der Augen ist die Beziehung der beiden zueinander gestaltet. Mehr noch: Mit ihnen erhält die Ikone eine Dynamik, die den Betrachtenden einen Weg weist und sie in diese Beziehung hinein nimmt. Sie lädt ein, einer Linie zu folgen und sich auf diese Weise auf eine kleine Reise der Kontemplation zu begeben.

Unser Blick wird von der rechten Hand Marias angezogen, die auf das Kind weist. Doch die Bewegung endet nicht hier. Die rechte Hand und die Augen des Christkindes führen uns zu Marias Gesicht. Marias Augen sind ihrerseits auf die Betrachtenden gerichtet. Sie spricht uns mit ihrem Blick an und was sie uns zu sagen hat, bringt sie mit ihrer rechten Hand zum Ausdruck. Sie weist auf das Kind. Doch das Kind, das sie uns zeigt, ist eben der Christus, der ihr seine ganze Aufmerksamkeit und Zuwendung schenkt. So werden die

Betrachtenden gewissermaßen zum Dritten im Bunde. Es ist kennzeichnend für Ikonen, dass sie uns nicht Personen wie auf Portraits präsentieren, die mit ihrer (Selbst-) Darstellung Bewunderung hervorrufen wollen. Ikonen stellen ein Beziehungsgeschehen dar – und sie stellen mit den Betenden, die sich darauf einlassen, ein Beziehungsgeschehen her.

Ikonen wollen deshalb auch nicht als Abbildungen, als Bilder verstanden werden, sondern als eine methodische Unterstützung zum Gebet, zur Kontemplation, zur religiösen Übung. Ikonen werden deshalb auch nicht gemalt sondern geschrieben. Sie wollen so etwas wie ein Fenster zum Himmel sein. Das erkennen Sie an dem Fensterrahmen, der die Ikone um gibt. Der Fensterrahmen ist perspektivisch, räumlich gehalten und Maria schaut durch dieses himmlische Fenster zu uns herein, was wir daran erkennen, das ihr Nimbus, ihr Heiligenschein, der ihr Haupt umgibt, sich vor den Fensterrahmen schiebt.

Wir können Maria nicht anders verstehen als eine, die auf Christus verweist, und wir können Christus nicht anders verstehen, als in seiner Zuwendung zu Maria. Jesus erscheint uns nicht wie ein isolierter Monarch, der fernab auf einem Thron sitzt, sondern in liebevoller Hingabe auf Maria bezogen mit seinem Blick auf die ganze Menschheit ausgerichtet.

Maria ist, wer sie ist, dadurch dass sie von sich selbst weg weist... dadurch dass sie uns den Weg zu Christus weist, den Weg zum Leben. Christus seinerseits ist nicht selbstbezogen. Sondern auch er ist, wer er ist, durch seine liebevolle Hinwendung zu anderen. So begreifen wir, dass der Weg *zu* Jesus und der Weg *mit* Jesus nicht einfach nur dazu führen, zu ihm als einem göttlichen Individuum in Beziehung zu treten, sondern dieser Weg zieht uns mit hinein in seine selbstlose Hingabe zur Welt. Die Ikone führt uns also zu Christus als einem, der selbst mit seiner Liebe zu anderen führt. Christus zu lieben heißt also, die Liebe zu lieben – und das zu lieben, was er liebt.

Wenn wir den Weg ein drittes Mal abschreiten, dann kann uns in dieser umkreisenden Bewegung noch eine tiefere Dimension aufgehen: Maria zeigt auf Christus, der seinerseits auf sie zurückweist. Dadurch kehrt Maria gewissermaßen zu sich selbst zurück, nun aber durch seine liebende Zuneigung. Für Maria bedeutet es also: auf Christus zu schauen ist wie auf mich selbst zu schauen – nun aber mit seinen Augen – von ihm geliebt.

Darum schaut sie auch uns so an mit ihrer eindringlichen Geste mit der rechten Hand, das wir mit unserm Blick nicht bei ihrem Angesicht stehen bleiben, sondern ihrer Hand folgen, die auf Christus weist. Er schaut auf sie und führt damit auch unseren Blick auf ihr Angesicht zurück – dieses Angesicht, welches das Ziel des liebevoll träumenden Blickes Jesu ist, dieses Angesicht, welches aber gerade nicht auf ihn gerichtet ist, sondern auf *uns*, damit *unser* Blick *zu ihm* gekehrt, bekehrt, werde. Ihr Blick sagt: „Schaut nicht auf mich, schaut auf ihn!"

In einem vierten Durchgang könnte es dann geschehen, dass wir, wenn wir auf Christus schauen, wir - wie Maria - auch auf uns selbst schauen – nun aber mit *seinen* Augen – *von ihm* geliebt! Von ihm geliebt - so wie wir sind, weil wir so sind! Von ihm geliebt - mit unserm ganzen Leben, so wie es ist - mit all dem Schönen und auch all dem Schlimmen... von ihm geliebt! Mit seiner Liebe könnte uns etwas ganz Großes gelingen: Uns selbst zu lieben (!) - und unser Leben zu lieben - so wie es ist; weil es so ist! Dann können wir mit einstimmen in den Jubelruf der Engel über Bethlehem: „Siehe, ich verkündige Euch große Freude, die allem Volk widerfahren wird: Christ, der Retter ist da! Christ, der Retter ist da! Dann ist Weihnachten!!!

Erinnern Sie sich noch an das Weihnachtsoratorium von Johann Sebastian Bach, das Michael Thom vor zwei Jahren hier in der Sinstorfer Kirche zur Aufführung gebracht hat? Da gibt es in der dritten Kantate ja dieses Duett mit dem Sopran, der hohen Frauenstimme und dem tiefen männlichen Bass zu den Worten: „Herr, dein Mitleid, dein Erbarmen, tröstet uns und macht uns frei." Ist es Ihnen einmal aufgegangen, dass Johann Sebastian Bach mit diesem Duett die Formgattung des italienischen Liebesliedes gewählt hat? Da turteln diese liebliche Frauenstimme und die werbende Männerstimme miteinander und um einander wie zwei Verliebte. Doch sie singen nicht „Amore dolce" – oder „Komm doch Liebster" – oder „Ich liebe dich". Sondern sie singen: „Herr, dein Mitleid, dein Erbarmen, tröstet uns und macht uns frei." Sie besingen die Liebe Gottes zu uns Menschen! Um uns das erfahrbar und begreifbar zu machen, gestaltet Bach sie mit der Liebe von Mann und Frau. Also doch „Amore dolce" – süße Liebe. Die süße Liebe Gottes zu uns. Begreifen Sie was das heißt? Das heißt so viel wie: Gott ist verliebt in Dich! Gehen Sie heute mit diesem Satz nach Hause. Und sprechen Sie ihn sich immer wieder zu - wie im Selbstgespräch – auch wenn andere Sie dann etwas seltsam finden – das macht nichts. Sagen Sie es sich immer wieder: „Gott ist in mich verliebt." Seine Sehnsucht zu mir ist so groß wie zwischen zwei Verliebten. Mit all dem was war und was ist – so wie es ist und so wie ich bin. „Gott ist in mich verliebt." Sagen Sie es nicht nur. Glauben Sie es auch. Dann wird es morgen bei Ihnen Weihnachten werden.

Predigt zu Lukas 1, 26-38 - Verkündigung an Maria mit Bildbetrachtung[23] am 4. Advent 18.12.22

Liebe Gemeinde!

"Und der Engel kam zu Maria hinein und sprach: Ave Maria! Gracia Plena! Dominus Tecum! Sei gegrüßt, du hoch Begnadete! Der Herr ist mit dir, du Gebenedeite unter den Weibern! Maria aber erschrak über diese Rede und dachte: Was ist das für ein Gruß? Und der Engel sprach zu ihr: Fürchte dich nicht, Maria! Du hast Gnade bei Gott gefunden." (Lukas 1, 28-30)

Ja, da kann man erschrecken. Was ist das für ein Gruß? **AVE!** So begrüßte man Herrscher und Adlige! Ave Caesar! Ave Centurio! Majestät! Durchlaucht! Hochwürden! Aber doch nicht Ave Maria - zu einer jungen Magd aus einfachen Verhältnissen. Das ist schon unerhört. Kein Wunder also, dass Maria dabei zusammenfährt. *Was ist das für ein Gruß?*

Dies ist der Augenblick, den Meister Bertram, ein Hamburger Maler aus dem 14. Jahrhundert, hier im Bild festhält.[24] Dabei gelingt ihm etwas geradezu Unmögliches, nämlich Unsichtbares sichtbar zu machen. Im Grunde ja ein Widerspruch in sich. Das eigentlich Unsichtbare erkennen wir daran, dass es durchsichtig ist, durchscheinend transparent für den goldenen Hintergrund, der den Himmel darstellt. Mit Gold für den Himmel wurde in der Ikonenmalerei die Farbe der Vollkommenheit gewählt. Es ist der Sitz Gottes, den man im Englischen "Heaven" nennt im Unterschied zur "Sky", den Himmelslüften, die wir bei sonnigem Wetter blau über dem Horizont schimmern sehen. Heaven ist etwas anderes.

Das Bild ist erfüllt von einer dynamischen Bewegung von links oben nach rechts unten vom Himmel hoch hinab auf die Erde. So steht auch der Engel Gabriel nicht statisch senkrecht vor Maria, sondern er scheint gewissermaßen noch vom Landeanflug den Schwung abzufedern, sodass die Knie das Gewand in der Vorwärtsbewegung spannen und in Falten legen. Die ausbalancierende Entsprechung findet sich in den Schwinglinien der Flügel. Der linke ist nach oben gestreckt und bildet einen spannungsvollen Gegenzug zum vorstoßenden Knie unten. Der rechte Flügel, gegengleich ausholend, findet sein Pendant im rechten Arm, in der Kurve, die der Ellbogen zeichnet und findet sein Ziel im ausgestreckten Zeigefinger. Diese Linie setzt sich fort in dem Schriftband, das aus der linken Hand aufsteigt und in einem schwungvollen Bogen den Kopf der Maria umkreist. Wenn wir genau hinsehen, erkennen wir im Innenkreis zart angedeutet einen Heiligenschein wie auch beim Engel Gabriel - nicht so stark dinglich wie ein Reif in älteren Ikonen sondern schillernd, magisch, geheimnisvoll. Das Schriftband ist eigentlich ein Spruchband, denn darauf stehen die Worte, die der Engel spricht:"Ave Maria, gracia plena dominus tecum". Ich dachte immer Walt Disney hätte die Spruchblase für seine Mickey Maus Comics erfunden. Aber siehe da, Meister Bertram beherrschte die Kunst, ein gesprochenes Wort ins Bild zu setzen schon im Mittelalter. Der Akt der Verkündigung findet einen spannungsvollen Ausdruck in Gabriels gütig zugewandtem Gesicht und dem erhobenen Finger. Und Maria ist überrascht, umkreist, umfangen von den Worten des Engels.

Eine zweite Linie beginnt ganz oben links im Bild: Gott, Vater, Sohn und Heiliger Geist. Jaaah, natürlich kann man sich ärgern über die Stereotypen, die Meister Bertram hier bedient. Natürlich wissen wir alle, das Gott kein alter Mann mit Bart im Himmel ist. Aber wenn wir das Bilderverbot ganz streng nehmen, ist jedes Reden von Gott, ist jede Religion unmöglich. Schon wenn wir das Gebet des Herrn sprechen, das Vaterunser, beginnen wir mit einem Bildwort "Vater". Doch wer wollte uns schon das Vaterunser verbieten - ein Kernstück unserer Religion? Nein, ohne Bilder können wir uns kein Bild von Gott machen. Wir müssen nur sorgfältig darauf achten, dass wir das Bild nicht mit Gott selbst verwechseln, sondern als das nehmen was es ist: ein unzureichend bruchstückhafter Versuch, einen winzigen Aspekt des Unfassbaren zu fassen zu bekommen. Nicht mehr und nicht weniger.

In diesem Sinne lassen Sie uns offen sein für die Botschaft, die uns diese Bilder überbringen wollen: Nicht nur von links oben, sondern auch räumlich aus der Tiefe von hinten her durch ein Loch im goldenen Goldgrund erscheint Gottvater mit einem Kreuz aus Lichtstrahlen um sein Haupt. Gottes Sohn, das Christuskind hier schon mit dem Kreuz als Leidenszeichen auf der Schulter geht aus seinen Händen hervor, der ungeborene Christus, präexistent vor aller Welt und Zeit - von Ewigkeit zu Ewigkeit. Das Gesicht des Vaters gütig und sorgenvoll über das was bevorsteht. Seine rechte Hand macht eine sendende Bewegung in die Welt und die linke eine segnende und behütende Geste. Dem Christuskind folgt der Heilige Geist in der Symbolgestalt der Taube. Die Doppeldeutigkeit der Perspektive lässt auch die Sichtweise zu, dass die Taube Maria am Scheitel mit dem Schnabel berührt. Diese Diagonallinie setzt sich rechts von Marias Kopf fort in der unteren Schrägkante des Lesepultes im Hintergrund. Am Bildrand winkelt sie ab wie eine Billardkugel und findet in der gleitenden linken Hand ihr Ziel, die auf Marias Herz liegt. Maria, würdig aufgerichtet, neigt ihren Kopf und Oberkörper nach links, wie um den beiden Bewegungsanstürmen von links oben und links unten stand zu halten - ihnen zu begegnen.

In einer Betrachtung von Henri Nouwen heißt es: "Maria ist ganz und gar offen für den Heiligen Geist, indem sie ihr Innerstes völlig auf die schöpferische Macht Gottes ausgerichtet hat. Und dabei schließen sich Mutterschaft und Jungfräulichkeit nicht länger gegenseitig aus. Im Gegenteil, sie bringen sich zur Vollendung. Marias Muttersein vollendet ihre Jungfräulichkeit, und ihre Jungfräulichkeit vollendet ihre Mutterschaft."[25]

Als ich das zum ersten Mal las, dachte ich, der spinnt doch. Ich meine, wie kann man so etwas schreiben. Das ist doch Irrsinn, ein Widerspruch in sich. Ich versuchte mich dem Gedanken anzunähern mit einem Gottesbegriff des spätmittelalterlichen Mystikers Nikolaus von Kues von der coincidentia oppositorum. In Gott fallen alle Gegensätze zusammen, oder besser noch: Gott integriert alle Gegensätze. Noch radikaler gedacht ist die coincidentia oppositorum die Gleichzeitigkeit des Unvereinbaren. So weit so gut. Doch je länger ich darüber nachsann, dämmerte mir, dass Henri Nouwen das Wort "Jungfrau" nicht als einen biologischen Begriff benutzt, der etwas über den physischen Zustand der Maria aussagt, sondern er benutzt "Jungfrau" als religiösen Hoheitstitel. Und jetzt muss ich aufpassen, was ich sage, damit ich nicht die rote Linie überschreite, die das Nicänische Glaubensbekenntnis setzt. Aber ich will mich mit den Zehenspitzen bis an sie heranwagen. "Jungfrau" als religiöser Hoheitstitel beschreibt .....? "Marias Göttlichkeit?" darf ich wohl nicht sagen. Das wäre der eine Schritt zu weit. Henri

Nouwen spricht indirekter von "her Divine Dignity", ihrer göttlichen Würde. Er stellt daneben den griechischen Ehrentitel "Theotokos" - Gottesgebärerin. Dann wäre "Jungfrau" so etwas wie ein Deckwort oder Codewort für das, was unsere katholischen Schwestern und Brüder sich erhalten haben in der Verehrung von Maria als "Mutter Gottes". Und wenn "Jungfrau" ein Deckwort für Mutter Gottes ist, dann macht dieser Satz auf einmal ganz tiefen Sinn: durch die Geburt Jesu wird Maria zur Mutter Gottes. Durch ihre Mutterschaft vollendet sich ihre Jungfrauenschaft. Wenn wir dieses Wort biologistisch verstehen, oder missverstehen, dann versperren wir uns damit das Verständnis für das geistliche Geschehen. An anderer Stelle sagt Henri Nouwen: "Maria repräsentiert die weibliche Seite des christlichen Gottesbildes." Wir Protestanten dagegen haben Maria zu einer Heiligen degradiert und dann die Heiligenverehrung abgeschafft. Kein Wunder, dass unser Himmel so einseitig männlich besetzt ist. Mit Maria könnten wir unseren Himmel wieder um seine weibliche Seite vervollständigen.

Damit ist auch eine natürliche Vaterschaft des Joseph nicht mehr ausgeschlossen. Ich meine, der Stammbaum Jesu ganz am Anfang des Matthäusevangeliums setzt seine Vaterschaft ja geradezu voraus. Schlagen Sie gerne zu Hause nach. Der Stammbaum Jesu beginnt mit Abraham, Isaak und Jakob. Generationen später finden wir König David, seinen Sohn Salomon und in der Folge die ganzen Könige aus dem Geschlecht Davids. Dann führt der Stammbaum als letztem Glied zu Joseph. Welchen Sinn soll dieser Stammbaum haben, wenn Joseph nicht der Vater Jesu war? Um seinetwillen besingen wir Jesus vollmundig als

Sohn Davids, weil Joseph aus dem Hause und Geschlechte Davids war.

"Man sieht nur mit dem Herzen gut. Das Wesentliche ist für die Augen unsichtbar," heißt es im Buch vom Kleinen Prinzen. Dasselbe gilt auch für die Weihnachtsgeschichte. Zwei Obdachlose finden Schutz in einem Stall. Dort bringt die Frau ein Kind zur Welt. Für die Menschen in Bethlehem kein Aufreger. Nur die Hirten von der Nachtschicht, denen die Engel die Augen geöffnet haben, oder besser gesagt, die Herzen, sie kommen, um das göttliche Geschehen zu bestaunen. Was den leiblichen Augen verborgen bleibt, das ist nur mit den Augen des Glaubens zu sehen. Deshalb preist die Heilige Liturgie Maria auch immerfort als diejenige, die Gott in ihrem Herzen empfing, noch bevor sie ihn in ihrem Leib empfing. So macht es tiefen Sinn, dass bei Meister Bertram die Bewegung, die von Gottvater ausgeht, in Marias Herz ihr Ziel findet. Entscheidend ist das geistliche Geschehen, das auch uns zu der Frage führen kann und will: "Wie soll *ich* dich empfangen, und wie begegn' ich dir?"

Eine wunderbare urchristliche Legende besagt: Maria hat Jesus durch ihr Ohr empfangen. Durch Gottes schöpferisches Wort. Gott sprach... und es wurde...! Gott sprach, es werde Licht, und es ward Licht! Am Anfang des Johannesevangeliums heißt es: "Im Anfang war das Wort, und das Wort war bei Gott und Gott war das Wort. Alle Dinge sind durch dasselbe gemacht, und ohne dasselbe ist nichts gemacht, was gemacht ist." So mögen wir auch *dem* tieferen Sinn beimessen, dass das Spruchband, das vom Engel ausgeht, sein Ziel in Marias linkem Ohr findet. Vielleicht hat Meister Bertram in diesem Bild nicht nur die Verkündigung an Maria dargestellt sondern auch die Empfängnis - wie wir es bekennen: "empfangen durch den Heiligen Geist, geboren von der Jungfrau Maria."

Auf eine letzte Bewegungslinie möchte ich aufmerksam machen. Auch sie führt von links oben nach rechts unten. In der linken Schräghälfte sind Gottvater und auch der Engel fast körperlos flächig zweidimensional in den Goldgrund verhaftet. Im Gegensatz dazu wirkt Maria geradezu plastisch und durch ihr stark betontes Knien ist sie fest nach unten mit dem Raumgrund verankert. Die Dreidimensionalität wird dann weiter nach rechts unten gesteigert mit einem richtigen Raumwachstum durch das Lesepult der Maria, das wie ein raumaufschließendes Fenster wirkt. Der diagonal aufgestapelte Bücherstoß öffnet seinerseits den Raum nach hinten ein weiteres Mal. Das Wort wird Fleisch, eine Idee wird Realität, Gott kommt zur Welt - aus der Ewigkeit in die Bedingungen von Zeit und Raum.

Gott will auch in uns Raum nehmen, in uns Fleisch werden, damit es auch bei uns Weihnachten werden kann. Öffnen wir dafür unsere Herzen und Sinne! In Jesus Christus. Amen.

H. ABSCHIED UND NEUANFANG

Abschiedspredigt aus Oststeinbek zu 1.Kor.15,12-20 & Joh. 11, 1-27 - 28.10.2012

Liebe Gemeinde,

Nach einer Besprechung fragte mich eine Mitarbeiterin: „Herr Kannenberg, wie sind Sie eigentlich zum Glauben gekommen?" Es durchzuckte mich, weil diese Frage nicht wie sonst an meine Rolle als Pastor gerichtet war sondern an mich als Person. Nicht: „Wie ist das mit der Jungfrauengeburt?" oder „Wie erzählt man Kindern von der Kreuzigung?" sondern: *„Wie sind Sie zum Glauben gekommen?"* Ich hatte an dem Nachmittag keinen Konfirmandenunterricht. Also zog ich meine Jacke wieder aus und wir unterhielten uns gut 90 Minuten darüber. Heute Morgen haben wir dafür nicht só viel Zeit. Darum muss es etwas schneller gehen. (Ich weiß, Sie haben mich gar nicht gefragt. Ich tu es jetzt trotzdem.)

Meine Eltern waren Kriegsflüchtlinge aus Ostpreußen und Hinterpommern. Seit ich Pastor in Hohenlockstedt war, einem ehemaligen Flüchtlingslager, weiß ich erst so richtig um die tiefe Volksfrömmigkeit der Ostpreußen und Pommern, durch die auch mein Elternhaus geprägt war. In Stellenbosch in Südafrika, wo ich aufgewachsen bin, hatten wir eine enge Bindung zur Evangelisch-Lutherischen Kirchengemeinde, in der wir nicht nur unseren Glauben sondern auch unser Deutschtum pflegten und tiefe Gemeinschaft erlebten. (Wir freuten uns darauf, sonntags in der Kirche unsere deutschen Freunde zu sehn.) Die Sommerferien verbrachten wir größtenteils bei Freunden auf einer Farm etwa 150 km nordöstlich von Kapstadt. Wie bei den Buren (den afrikaans-sprachigen Weißen) üblich wurde auch in unserer Gastfamilie der Tag abends mit einem „Huisgodsdiens", einem Abendgebet beschlossen, das der Hausvater leitete: Gesang aus dem reformierten Gesangbuch, Bibellese, Gebet, Vaterunser, Segen... und dann ab zum Zähneputzen. Doch damit nicht genug. Wieder auf dem Zimmer griff mein Jugendfreund - wie seine Schwestern auch – noch einmal zur Bibel auf dem Nachttisch zur persönlichen Bibellese und kniete danach vor seinem Bett nieder zum stillen Nachtgebet. Das erste Mal war ich etwas peinlich berührt, denn das war mehr als das Gute-Nacht-Gebet, das ich von zu Hause kannte. Aber es konnte ja nichts Schlechtes daran sein. Also tat ich es ihm gleich. Und da ich nicht nur so tun wollte als ob, behielt ich diese Praxis auch zu Hause bei. Jeden Abend vor dem Schlafen Gehen ein Kapitel in der Bibel lesen. Die Wundergeschichten waren beeindruckend, die Episteln anstrengend zu lesen und ermüdend. Aber ich wollte ja sowieso Schlafen gehen. Auch als wir mit dem Tod meines Vaters nach Deutschland zurückkehrten, las ich jeden Abend meinen Abschnitt in der Bibel. So arbeitete ich mich allmählich durch das Neue Testament... und zum Schluss landete ich im Alter von 18 Jahren im Buch der Offenbarung bei *Texten von siebenköpfigen Drachen!* (Offb. 12,3) Das war nun zu viel für mich! Nein, bei aller Ehrfurcht vor der Heiligen Schrift: an siebenköpfige Drachen konnte ich beim besten Willen nicht glauben. Das hat mich zutiefst beunruhigt; denn es stand ja schließlich in der Bibel. Sie beiseite zu legen und zu sagen: allens Tüünkrom – das ging nun auch wieder nicht. Mit meinem Dilemma wandte ich mich an Günter Ewald, ehemaliger Kollege meines Vaters und Professor für Mathematik. Der hatte in den 60-er Jahren seitens der Naturwissenschaftler an dem damals intensiven Dialog zwischen Naturwissenschaft und Theologie teilgenommen und die Ergebnisse verständlich für Otto-Normal-Verbraucher wie mich veröffentlicht. Ich verschlang seine Heftchen und wurde zum ersten Mal bekannt gemacht bzw. konfrontiert mit der Unschärfe-Relation und der Komplementaritätstheorie, die Werner Heisenberg und Niels Bohr 1927 formuliert hatten. Was das ist, kann ich jetzt nicht erklären. Aber ich begriff soviel – **und das kann jeder verstehen:** Seit dem ist das **mechanistische Weltbild** – das doch meine ganze Schulzeit beherrscht hat – nicht mehr zu halten. Das heißt: die Vorstellung der Welt als einer Art Dampfmaschine, in der alles nach dem Prinzip von Ursache und Wirkung verläuft, und wenn man alle Daten erheben könnte, alles erklärbar, voraus- und zurück berechenbar wäre wie bei einer Reihe umfallender Dominosteine, das war überholt und nicht mehr gültig. Damals schon seit 50 Jahren nicht mehr. Für die Grundlagenphysiker Heisenberg und Bohr war auch der **Zufall** prinzipiell denkbar (und nebenbei bemerkt: damit auch das Eingreifen Gottes in das Weltgeschehen). Im Chemieunterricht in der Schule hatte ich unendlich viele chemische Formeln auswendig gelernt, Bandwurmmoleküle von Kohlenwasserstoffen an die Tafel gemalt und mit Plastikkugeln Atommodelle zusammengesteckt: In der Mitte Protonen und Neutronen und außen Elektronen. Und nun erfuhr ich, dass Niels Bohr - der entdeckt hatte, dass Atome gar nicht die kleinsten Teilchen sind, die es gibt - zum Himmel geschaut hatte und unser Sonnensystem mit seinen Planeten als **Symbol** verwendet hatte, um es auf seine Beobachtungen mit den kleinsten Teilchen zu übertragen. Ich hatte die Plastikkugeln im Chemiesaal immer für Gegenstände gehalten, für Materie – halt nur im Maßstab um ein vielfaches vergrößert. Ich dachte, das wären exakte Wissenschaften, TATSACHEN! Und jetzt verflüchtigte sich das alles zu Bildern, Symbolen, Gleichnissen. Ich fühlte mich von meinen Chemie- und Physiklehrern, die alle indirekt und unterschwellig das mechanistische Weltbild vermittelten – *angelogen*. Eigentlich wollte ich Mathematik und Physik studieren. Aber so ging das nicht.

Ich geriet in eine prekäre geistige Verfassung (wie mir erst später bewusst wurde). Es war im Grunde ein ideologischer Zusammenbruch. Ich war in einem totalitären System aufgewachsen – und von diesem ja auch mental und gefühlsmäßig konditioniert und geprägt worden. Jetzt stand die Welt auf dem Kopf und es stimmte nichts mehr. Die Rassenideologie war falsch, in der Bibel stand etwas von siebenköpfigen Drachen, was ich nicht glauben konnte, und auf die Grundlagen der Physik war auch kein Verlass. Ich konnte mich in dieser Welt auf überhaupt nichts mehr verlassen – außer auf meine Mutter und meine beiden Schwestern.

So zog ich dann von Eutin nach Hamburg und fing an Theologie zu studieren, nicht um den Beruf eines Pastors zu ergreifen – sondern auf der Suche nach irgendetwas *Verlässlichem* – nenn es von mir aus **Wahrheit**. Aber ich konnte nicht einfach anfangen, Griechisch und Hebräisch zu lernen, um dann Texte von siebenköpfigen Drachen zu übersetzen. Nein, das ging auch nicht. Ich habe vom Anfang bis zum Ende meines Studiums etwa ein Drittel meiner Energie und meiner Lehrveranstaltungen verbracht mit Wissenschaftstheorie, formaler Logik, Philosophie und vor allem dem Verhältnis von Naturwissenschaft und Theologie. Ich musste erst einmal herausfinden, ob und wie ich **Theologie als Wissenschaft** ernst nehmen konnte, die ja noch nicht einmal einen Gegenstand hat, den sie untersuchen könnte. Griechische und Hebräische Schriftzeichen sind zwar eindrucksvoll. Aber was ist an dem bloßen Übersetzen von alten Texten wissenschaftlich???

Um es kurz zu machen: Ich bin durch Wissenschaftstheorie nicht zum Glauben gekommen. Aber die intensive Beschäftigung damit war nicht umsonst und nicht ohne Ertrag. Für mich als Kind des ausgehenden 20. Jahrhunderts und als naturwissenschaftlich geprägter und denkender Mensch war es sehr wichtig zu begreifen, dass ich meinen Verstand nicht an der Garderobe zur Theologischen Fakultät abgeben muss. Ganz im Gegenteil. (Wem das eben etwas zu hoch war, der darf jetzt wieder aufmerksam zuhören.) Denn die Quintessenz lässt sich auf einen ziemlich einfachen Punkt bringen. **Das nehmt heute bitte mit nach Hause**: 1) Kein Physiker und kein Astronom kann mit seinen Methoden beweisen, dass Gott nicht der Schöpfer des Himmels und der Erde ist, der sich *vor, durch und nach dem Urknall* in seiner Schöpferkraft entfaltet und sich uns Menschen offenbart. 2) Kein Biologe kann beweisen, dass Gott nicht der *Urgrund des Seins* ist und Quelle allen Lebens, der im Prozess der *Evolution durch Selektion und Mutation* die Entwicklung der Arten hervorgebracht hat, und heute noch mit der Geburt eines jeden Kindes und mit dem Schlüpfen einer jeden Ameise große Wunder vollbringt. 3) Kein Historiker und kein Mediziner kann beweisen, dass Jesus Christus nicht von den Toten auferstanden ist.

Wohl gemerkt: Ich bin nicht durch Wissenschaftstheorie zum Glauben gekommen. Aber ich habe verstanden, dass Naturwissenschaftler spätestens seit Niels Bohr und Werner Heisenberg nicht mehr in einem geschlossenen System denken, sondern dass ihr Weltbild *offen ist – offen ist* für den Zufall und auch für Phänomene des Geistes, und damit auch für Gott. ***Im Grunde gibt es gar keine Frontstellung oder Unvereinbarkeit zwischen den Naturwissenschaften und dem christlichen Glauben.*** Unvereinbarkeit besteht zwischen dem christlichen Glauben und dem *Materialismus*. Und das ist etwas völlig anderes!!! Der Materialismus, der sich gerne só wissenschaftlich gibt, ist aber keine Wissenschaft. Er ist noch nicht einmal wissenschaftlich begründbar. Sondern er ist eine *Geisteshaltung*, eine *Philosophie*. Ach was – er ist eine *Ideologie*, eine *Pseudoreligion*. Er bedient sich der Wissenschaft. Er instrumentalisiert sie. Er verabsolutiert sie und macht sie dadurch zu einem Götzen, zu einem Gott – was die Wissenschaften selbst überhaupt nicht zu sein beanspruchen. Damit macht er sich selbst dialogunfähig wie jeder andere Fundamentalismus auch und verengt den Horizont. Er verengt den Begriff des Seins auf das Beweisbare nach dem Motto: Was wir nicht beweisen können, das existiert auch nicht. Oder etwas karikiert: „Was wir nicht kennen, das gibt es auch nicht." Und das muss entlarvt und beim Namen benannt werden!

Nochmals: Durch die Beschäftigung mit Wissenschaftstheorie bin ich zwar nicht zum Glauben gekommen, aber zu der Überzeugung, dass Jesus Christus von den Toten auferstanden *sein kann*, und wissenschaftlich nichts Zwingendes dagegen einzuwenden ist!!! Durch das anschließende historische Bibelstudium bin ich zu der Überzeugung gekommen, dass Jesus Christus von den Toten *auferstanden ist!* Die Entstehungsgeschichte der neutestamentlichen Schriften ist für mich sonst gar nicht nachvollziehbar, wenn die Frage nach dem, dessen Auferstehung verkündet wurde, nicht der *historische* Ausgangspunkt für die Sammlung der Zeugnisse, Erzählungen und Schriften war. Ich kann das jetzt nicht ausführen. Nehmt es einfach so als mein Ergebnis hin.

Mit dieser gewonnen Überzeugung von der *Auferstehung Jesu als historischer Tatsache* bin ich als junger Vikar dann zum ersten Mal bei einer Beerdigung an das offene Grab getreten. Mit dieser Überzeugung als festem Boden unter den Füßen konnte ich sagen: „Jesus Christus ist auferstanden. Er ist wahrhaftig auferstanden." Das ist unsere Hoffnung. Von außen gesehen waren wir wohl ein armseliger kleiner Haufen, der da auf dem Niendorfer Friedhof versammelt war. Zwischendurch musste ich immer wieder unterbrechen, weil ich bei dem Fluglärm mein eigenes Wort nicht mehr verstand. Aber als ich da neben der Gruft aus dem Römerbrief las: „Keiner von uns lebt sich selber und keiner von uns stirbt sich selber. Leben wir, so leben wir dem Herrn. Sterben wir, so sterben wir dem Herrn", da stand ich in einem inneren Dom von Musik aus den Klängen der Schützmotette, die wir in der Bramfelder Kantorei gesungen hatten. Sie halten in mir nach. Diese Klänge sind gewiss eine unverzichtbare Dimension meines Glaubens geworden.

Doch je öfter es meine Aufgabe war, an den Gräbern die Botschaft von der Auferstehung zu verkündigen, desto mehr hat sich die Überzeugung von einer *historischen Tatsache* verwandelt bzw. erweitert zu einer – wie soll ich sagen? – Hoffnung?, Erfahrung?, „Gewissheit?" klingt zu vollmundig... ich denke, „Glauben" trifft es am besten! – Glauben oder Glaubenserfahrung der *Gegenwart des auferstandenen und lebendigen Christus*. Ja, anders und besser kann ich es nicht beschreiben.

In meiner Anfangszeit hier in Oststeinbek während einer Sitzung in meiner Psycho-Analyse dämmerte mir ein Zusammenhang. Mir dämmerte, dass es wohl kein reiner Zufall war, dass ein Mensch wie ich, der mit 16 Jahren seinen Vater verloren hat, nach einer langen Suche schließlich bei der Auferstehung ankommt. Ich war ein bisschen stolz, dass ich auch etwas von Sigmund Freud gelesen hatte und ein paar Brocken psychologischen Jargon beherrschte und sagte: „Da haben mich wohl unbewusste Motive auf diesen Weg geführt, das große Unbewusste!" Darauf hörte ich die Stimme meines Arztes am Kopfende der Couch fragen: „Und warum nennen Sie das nicht Gott? – Ich meine, Sie sind doch der Theologe und nicht ich!" Und ich dachte bei mir: „Ja, warum eigentlich nicht?"

Ich muss sagen, es ist schon ein unglaubliches Privileg, sich hauptberuflich, das heißt mit seiner ganzen Energie, Zeit und Kraft seinen Lebensfragen widmen zu können – vor allem, wenn man es mit solchen Umbrüchen zu tun hat, wie ich. An dieser Stelle möchte ich allen von Ihnen und Euch, die Ihr **Kirchensteuern** zahlt, persönlich von Herzen dafür danken, dass Ihr mir diesen Weg ermöglicht habt, durch die Finanzierung des Predigerseminars, an dem ich ausgebildet wurde, damals in Preetz und heute in Ratzeburg, die Finanzierung der Vikarsbezüge und neben der Finanzierung dieser Kirchengemeinde ja auch die Beiträge zu meinem Gehalt. Und ich hoffe, dass ich Ihnen und Euch durch meinen Einsatz in dieser Kirchengemeinde dafür auch etwas habe zurückgeben können. Wenn Sie zu denen gehören, die sich fragen, „Warum zahle ich denn eigentlich noch Kirchensteuern?" dass Sie heute nicht ohne Antwort nach Hause gehen.

Noch mehr möchte ich all denen sehr herzlich danken, die nicht nur finanziell sondern auch durch ihre persönliche Mitarbeit, mit Engagement und Herzblut, zu unserer Gemeindearbeit beigetragen haben – die dadurch auch mich persönlich tatkräftig unterstützt haben, vieles mitgetragen haben, zuweilen ja auch mich getragen und auch ertragen haben. Ich empfinde dafür eine tiefe Dankbarkeit, die mein Mund nicht in Worte fassen kann.

Um nicht nur ganz allgemein zu sagen, ich bzw. wir danken für ALLES haben wir in unseren Weihnachtsrundbriefen versucht, Dinge konkret zu benennen und aufzuzählen. Die Aufzählung ist dann zwangsläufig immer unvollständig geblieben und ich will mich bei allen entschuldigen, die sich dabei übersehen gefühlt haben. Deshalb will ich jetzt auch nicht den Fehler machen und vorsichtshalber gar keine Aufzählung anfangen. Ich möchte nur *einen* – stellvertretend für alle – nennen. Nach dem Prinzip Jesu „die Letzten werden die Ersten sein", will ich einen aus der letzten Reihe hervorholen, von dem ich weiß, dass er es mir nicht übel nehmen wird, wenn ich ihn einen der Geringeren unter meinen Weggefährten nenne. Er würde eher überrascht sein, dass ich ihn überhaupt erwähne. Ich möchte in dieser Stunde erinnern an Erich Simat. Wenn ich ihm heute danke, will ich allen anderen damit sagen, dass ich Ihnen und Euch noch mehr Dank entgegenbringen möchte.

Erich Simat war ebenfalls Ostpreußenflüchtling, von Beruf Maurer. Er wohnte in der Ostlandstraße in der Nachbarschaft unserer früheren Küsterin Hanna Krause. Er gehörte zu den Sargträgern eines örtlichen Bestattungsunternehmens. Ich lernte ihn persönlich kennen bei der Vorbereitung des Gottesdienstes anlässlich seiner goldenen Hochzeit. Danach erkannte ich ihn bei jeder Beerdigung, die wir gemeinsam hatten. Er ging immer als letzter hinten - von mir aus gesehen rechts, also auf meiner Seite. Dadurch hatte ich ihn – oder er mich – am längsten im Blick. Unsere Augen suchten sich – und wenn unsere Blicke sich gefunden hatten, dann nickten wir uns einen stillen Gruß zu – ehe er sich zum Sarg verneigte. Einmal entdeckte seine Tochter ihn unter den Trägern. Peinlich berührt und entrüstet stellte sie ihn zu Hause zur Rede: „Papa, warum machst du das? Das hast Du doch gar nicht nötig! Du hast doch eine gute Rente!" Da wurde dieser zurückhaltende, stille Mann eines der wenigen Male in seinem Leben laut und antwortete: „Mein Kind! Warum ich das mache? Das kann ich Dir sagen: Das tue ich für meine gefallenen Kameraden, die wir in Frankreich an der Front im Hagel der Kugeln und Granaten überhaupt nicht zu Grabe tragen konnten."

Es war ihm ein Vermächtnis. Er tat es – mit meinen Worten gesagt - aus Berufung. In gewisser Hinsicht ähnelten wir uns darin. Denn wenn ich mit Euch, liebe Schwestern und Brüder aus Havighorst und Mümmelmannsberg, aus Kirchsteinbek und Oststeinbek an den Gräbern um Eure Lieben weinte, dann habe ich dabei auch so manche Träne um meinen verstorbenen Vater geweint, zu der ich mit 16 Jahren noch nicht in der Lage war. Ich tat es – zuweilen ja auch hier in dieser Kirche unter diesem Altarbild, welches das Licht der Auferstehung darstellt – im wachsenden Vertrauen auf die Gegenwart dessen, der uns zuruft:

„Ich bin die Auferstehung und das Leben. Wer an mich glaubt, der wird leben, auch wenn er stirbt; und wer da lebt und glaubt an mich, der wird niemals sterben."

Predigt zu Jesaja 35, 3 - 10 am 2. Advent den 9.12.2012
(Einführung in die Pfarrstelle für Altenheimseelsorge der Region Harburg-Süd)

Liebe Gemeinde!

Unser Predigttext für den 2. Advent ist eine unglaubliche Vision, die der Prophet Jesaja dem Volk Israel zuruft. „Lahme werden springen wie Hirsche; die Zunge der Stummen wird frohlocken; aus der Wüste werden Wasser hervorbrechen und die Erlösten werden wiederkommen zum Berg Zion und jauchzen!" Was ist da los gewesen? Was gab's da zu jubeln? Schauen wir uns die Situation einmal genauer an.

Wir schreiben etwa das Jahr 500 *vor* Christi Geburt. Das Volk Israel war aus der Babylonischen Gefangenschaft zurückgekehrt. Während es noch im Exil in Babylon lebte, hatten sich alle Hoffnungen auf den Moment der Rückkehr in die Heimat und auf den Wiederaufbau des Tempels in Jerusalem gerichtet. Die Zeit in Babylonien war bei allem Prunk und aller Fortschrittlichkeit im Reich der Großmacht im Empfinden der meisten Israeliten ein minderwertiges Schattendasein in der Fremde geblieben.

Nun waren sie wieder zu Hause. Und was fanden sie dort vor nach der langen Rückwanderung aus dem Exil: die Trümmer, die sie hinterlassen hatten. Der Tempel in Jerusalem zerstört – so wie die Frauenkirche in Dresden es für viele Jahrzehnte war – und die Städte verwüstet. Die Rückkehr in die verklärte Vergangenheit war nicht gelungen – wie könnte sie auch gelingen? – und ein wirklicher Aufbruch in eine neue Zukunft mit all ihren Mühseligkeiten und Ungewissheiten war eigentlich nicht gewollt.

Wo große Erwartungen waren, da hat man ganz besonders mit Enttäuschung zu kämpfen. Und so setzte bald nach der Rückkehr Lähmung und Resignation ein. Dumpf und interesselos lebte die Bevölkerung dahin. Der Tempelaufbau stockte und es gab keine rechten Zukunftsperspektiven. Die Heilsgeschichte Gottes mit seinem Volk schien wie abgebrochen. Dies ist die Situation, in die Jesaja sein Wort spricht. *Im Angesicht der Bauruine auf dem Zionsberg* ruft er den Menschen zu: „Die Erlösten des Herrn werden wiederkommen nach Zion mit Jauchzen; ewige Freude wird über ihrem Haupte sein!" In dieser trüben Zeit sagt Jesaja nicht nur die Zukunft sondern *die Gegenwart* des Handelns Gottes an! „Stärkt die müden Hände und macht fest die wankenden Knie! Saget den verzagten Herzen: Seid getrost, fürchtet euch nicht! **Seht da IST euer Gott**." Jesaja vertröstet das Volk nicht auf eine unbestimmte Zukunft und er kündigt ihm auch kein Wunder an. Aber er stellt den Menschen eine Vision vor Augen, die sie befähigt zur Rückkehr in die Trümmer der eigenen Vergangenheit. An anderer Stelle sagt er: Sie werden die alten Trümmer wieder aufbauen und, was vor Zeiten zerstört worden ist, wieder aufrichten." Von ihm geht eine Kraft aus, die Lähmung und Resignation überwindet.

So einen Ruck, der Lähmung überwindet, habe ich einmal selbst erlebt. Nun gut, es war „*nur*" in einem Spiel an einem Bibliodramawochenende. Aber in der Theaterarbeit verschmelzen ja Phantasie und Wirklichkeit. Wir spielten die Geschichte von der Heilung des Gelähmten aus dem Markusevangelium; die Geschichte, in der vier Freunde einen Gelähmten zu Jesus bringen wollen. Weil das Haus jedoch überfüllt ist, steigen sie mit dem Gelähmten aufs Dach und lassen ihn durch ein

Loch an Seilen direkt vor Jesus nieder. Dort spricht Jesus dann die aufrichtenden Worte: „Steh auf. Nimm deine Matte und geh!"

Wir waren in unserer Gruppe eher zurückhaltend und partnerschaftlich. Jedenfalls gab es da kein Alphatier, das die Gruppe dominierte... und so geschah es, dass sich bei der Rollenverteilung niemand für die Rolle des Jesus fand. Nach kurzem Zögern blickten sich die beiden Leiter an und einer sagte: „Das macht nichts! *Er wird kommen! Er wird sich einstellen!*" Ich dachte bei mir: „Um Himmels willen. Wo bin ich denn hier jetzt hineingeraten!" Und dann fingen wir an, die Geschichte zu spielen. Nun hat man beim Bibliodrama kein Publikum, dem man etwas vorführt, und kein Drehbuch, an das man sich halten müsste. Die Spieler begeben sich in die Ausgangssituation und lassen die Geschichte dann geschehen wie im echten Leben. Und dann kann es auch passieren, dass ein Sturm nicht gestillt und ein Gelähmter nicht geheilt wird.

Unser Spiel begann. Ich war einer der vier Freunde und wir legten die Gelähmte mitten in den Raum mit den Versammelten. Die dümmste Rolle hatte eine, die die Rolle eines Jüngers übernommen hatte, der das Kommen Jesu ankündigte. Sie kam in die Mitte und sagte: „Jesus kommt bald. Wir sollen schon einmal alles für ihn vorbereiten." Ja – und dann kam er nicht. Er konnte ja auch gar nicht kommen, weil niemand seine Rolle übernommen hatte. Die Situation wurde dann *sehr echt*. Jesus kommt nicht. Er lässt uns warten. Als erste fing die Jüngerin an zu weinen. Je länger ich da als Freund an der Seite des Gelähmten hockte, kam mir ein Besuch im Krankenhaus nahe - am Bett eines unheilbar kranken Gemeindegliedes. Ich hatte an seiner Seite gesungen und gebetet. Aber ich hatte auch sehr mit meiner Ohnmacht zu tun, dass weder ich noch die Ärzte etwas zu seiner Heilung tun konnten. Die Tränen, die ich während meines Besuches unterdrückt hatte, fingen jetzt an der Seite des Gelähmten an zu strömen. Denn die Situation war genau die gleiche. Schließlich weinte fast die ganze Gruppe, jeder und jede auf ihre Weise berührt und gefangen von Erfahrungen und Tränen der Ohnmacht. Und Jesus kam nicht.

Doch dann geschah es. Auf einmal stand eine Frau auf. Sie hatte eine Nebenrolle gewählt. Ach was. Es war eigentlich gar keine Rolle. Sie war „der Platz vor der Tür". Sie wollte dieses Mal nicht im Mittelpunkt stehen und keine Verantwortung tragen. Sie lehnte die ganze Zeit an einen imaginären Türpfosten. Dann überkam es sie. Sie sprang sie auf, griff die Gelähmte bei der Hand, zog sie hoch und rief – rief die Worte Jesu: „Steh auf! Nimm deine Matte und geh!" Dann verschwand sie sofort wieder am Türpfosten in der Rolle als Platz vor der Tür. Für einen kurzen Augenblick war die göttliche Christuskraft durch die Gruppe gezuckt... und dann genauso schnell wieder verschwunden. Nun standen wir da. Ja, wir standen... und saßen nicht mehr. Die Gelähmte wusste nicht recht, wie ihr geschehen war. Halb stand sie schon, halb hing sie noch an den Achseln in unserem Armen. Als Jesus in der Gestalt vom Platz vor der Tür ihre Hand wieder losgelassen hatte, wollte sie sich wieder fallen lassen. Aber wir ließen sie nicht. Wir richteten sie mühsam auf und sie ließ es geschehen. Wir vier Freunde spürten dann, dass sich ein innerer Kampf in ihr abspielte. „Kann Heilung so einfach geschehen? Ist das nicht *zu* einfach?" Doch als sie sich wieder fallen lassen wollte, gewann die andere Seite die Oberhand: „Ich kann und will mich doch diesem Ruck, diesem Ruf zum Leben nicht verweigern; diesem *Steh auf! Nimm deine Matte und geh!"* Und so machten wir dann mit ihr - gefühlt für eine halbe Ewigkeit - ganz mühsame erste Schritte, bei denen wir den größten Teil ihres Gewichtes hielten. Ich fühlte mich dabei wie ein Krankengymnast, der bei der Reha mit einem Schlaganfallpatienten mühsam am Rollator wieder die ersten Schritte gehen lernt... die ersten Schritte zurück ins Leben.

Es war nur ein **Spiel**. Aber ich glaube, ich habe dabei etwas Neues und Wichtiges über die **Wirklichkeit** Gottes gelernt. Gott kann jede und jeden von uns in Anspruch nehmen, um seine Gegenwart unter uns wirksam werden zu lassen, wann und wo er es will. Mit den Worten des Apostels Paulus gesagt: Wir können einander zum Christus werden – durchscheinend, durchlässig für die Wirklichkeit Gottes. Jesaja war so einer, den Gott in Anspruch genommen hat, um einen Ruck durch das Volk Israel gehen zu lassen gegen Lähmung und Resignation..., so dass die Menschen Gott selbst reden hörten, wenn sie seine Worte vernahmen: „Stärkt die müden Hände und macht fest die wankenden Knie! Saget den verzagten Herzen: Seid getrost, fürchtet euch nicht! **Seht da IST euer Gott**."

Rudolf Otto Wiemer spricht etwas bescheidener von Engeln. Aber die Grunderfahrung ist die gleiche, wenn er schreibt:

Es müssen nicht Männer mit Flügeln sein, - die Engel.
Sie gehen leise, sie müssen nicht schrein,
oft sind sie alt und hässlich und klein, die Engel.
Sie haben kein Schwert, kein weißes Gewand, - die Engel.
Vielleicht ist einer, der gibt dir die Hand,
oder er wohnt neben dir, Wand an Wand, - der Engel.

Dem Hungernden hat er das Brot gebracht, der Engel.
Dem Kranken hat er das Bett gemacht,
und hört, wenn du ihn rufst, in der Nacht, - der Engel.
Er steht im Weg und er sagt: Nein, - der Engel.
Groß wie ein Pfahl und hart wie ein Stein –
Es müssen nicht Männer mit Flügeln sein, - die Engel. [26]

Wir müssen dazu auch gar keinen Talar tragen und keine Ordinations- oder Berufungsurkunde haben. Oft nimmt Gott Menschen in einer ganz unscheinbaren Rolle in Anspruch, wie zum Beispiel den „Platz vor der Tür." Es müssen nicht Männer mit Flügeln sein, sondern auch Frauen wie Frau Schmied und Frau Hecht im Haus am Frankenberg. Sie können evangelisch sein oder auch katholisch. Sie können sich zu den Baptisten halten oder auch in Gestalt einer Raumpflegerin mit Kopftuch zu uns kommen. Wenn uns das widerfährt, wenn wir nach einer solchen Begegnung mit einem, der uns zum Christus wurde – oder zum Engel – wenn wir nach einer solchen Begegnung erfüllt sind von der kraftvollen Gegenwart Gottes, die mit uns gewinnen will gegen Lähmung und Resignation, dann können auch wir mit Jesaja in das Jubellied einstimmen: „Tochter Zion, freue dich! Jauchze laut Jerusalem." *Er* hat es angestimmt im Angesicht der Trümmer des Tempels, die auf dem Zionsberg noch herumlagen. Und auch wir sollen mit einstimmen, schon jetzt und nicht erst eines Tages. Auch wir sollen schon jetzt mit einstimmen, auch wenn wir die Bruchstücke unseres eigenen Lebens nicht so recht zusammen kriegen können. „Tochter Zion, freue dich! Jauchze laut Jerusalem. Sieh, dein König kommt zu dir." Und das sind seine Zeichen. Ihr werdet ihn finden in Windeln gewickelt und in einer Krippe liegen. Nicht Purpur, nicht Gold, nicht Zepter, nicht Reichsapfel sind seine Zeichen. Nein, an Windeln sollen wir ihn erkennen.

Das sollte uns aufmerksam machen, gerade uns, die wir unsere Arbeitsplätze in den Alten- und Pflegeheimen haben, Entschuldigung – in den **Wohnparks und Seniorenresidenzen** – wo wir erleben, dass am anderen Ende des Lebens Windeln wieder eine Rolle spielen, wo wir berührt werden von Erfahrungen der Schwachheit – ja der Ohnmacht, der Lähmung und auch der Scham, wenn wir dort die Gegenwart Gottes erfahren – nicht nur bei uns auf der Seite der Helfenden, der Starken – sondern auch uns gegenüber, ohnmächtig und in Windeln gewickelt – wie es die Engel sagten – wenn wir dort seine göttliche Würde erkennen, die uns mit dem Licht dankbarer Augen begegnet... und in dem Wissen, dass alles, was wir anderen Gutes getan haben, es auch an IHM und für IHN getan haben...

... und wenn uns das die Kraft gibt, um den Kräften der Lähmung und der Resignation zu widerstehen, die ja auch nach uns in den helfenden Berufen greifen – ja, dann haben auch wir allen Grund mit einzustimmen – schon jetzt mit einzustimmen - in den jubelnden Gesang: „Tochter Zion, freue dich! Jauchze laut Jerusalem!"

Literaturverzeichnis

Göttinger Predigtmeditationen, begründet von Iwand, Hans Joachim. Herausgegeben von Jörns, Klaus-Peter und anderen. Verlag Vandenhoeck & Ruprecht Göttingen. Jahrgänge 1983 - 2012.

Predigtstudien, herausgegeben von Rössler, Dietrich/Roessler, Roman und Krusche, Peter und anderen. Kreuzverlag Freiburg im Breisgau. Jahrgänge 1983 - 2020.

* * * * * * * * * * * * * * * *

van Beesten, Angela, Den Schatz bewahren. Plädoyer für die gentechnikfreie Landwirtschaft. Verlag Sambucus e.V. Vahlde 2005.

Brandt, Austen Peter, Rassismus in Deutschland, Seite 313- 323 in Jahrbuch Menschenrechte 2000, Hrsg. von Gabriele von Arnim, Volkmar Deile, Franz-Josef Hutter u.a. in Verbindung mit Deutsche Sektion von Amnesty International, Suhrkamp Verlag Berlin 2000

Hollenweger, Walter J., Erfahrungen der Leibhaftigkeit. Interkulturelle Theologie 1, Christian Kaiser Verlag München 1979.

Jellouschek, Hans, Im Irrgarten der Liebe. Dreiecksbeziehungen und andere Paarkonflikte, Kreuz Verlag Zürich 1991.

Kundera, Milan, Die unerträgliche Leichtigkeit des Seins. Fischer Taschenbuchverlag Frankfurt am Main 1987.

Nouwen, Henri J.M., Bilder göttlichen Lebens. Ikonen schauen und beten. Herder Verlag Freiburg im Breisgau 1987.

Portmann, Paul, Die Geburt Christi. Meister Bertram. Hallwag Verlag Bern 1960.

de Saint-Exupéry, Antoine, Der kleine Prinz, Karl Rauch Verlag, Düsseldorf 1958.

Theißen, Gerd, Im Schatten des Galiläers. Historische Jesusforschung in erzählender Form. Verlag Christian Kaiser/ Gütersloher Verlagshaus Gütersloh 1987.

du Toit, Fanie, Proud to be white, free to be Africans, Cape Argus, Kapstadt, Ausgabe vom 9. Juli 2001.

Wachendorfer, Ursula, Weiß-Sein in Deutschland, Zur Unsichtbarkeit einer herrschenden Normalität, Seite 87 ff. in AfrikaBilder: Studien zu Rassismus in Deutschland, Hrsg. von Susan Arndt, UNRAST-Verlag Münster 2001

Wiemer, Rodulf Otto, Engel, in Vorlesebuch Religion Band 1, hrsg. von Dietrich Steinwede und Sabine Ruprecht, Verlag Ernst Kaufmann, Lahr 1971.

Williams, Rowan, Ponder these things. Praying with icons of the virgin. The Canterbury Press Norwich 2002.

Zink, Jörg, Wir werden alle auferstehen - Eine Betrachtung von Jörg Zink zu Passions- und Osterbildern von Rembrandt. Verlag am Eschbach GmbH, Eschbach 1984.

Anmerkungen

[1] Göttinger Predigtmeditationen, begründet von Iwand, Hans Joachim. Herausgegeben von Jörns, Klaus-Peter und anderen. Verlag Vandenhoeck & Ruprecht Göttingen. Jahrgänge 1983 - 2012

[2] Predigtstudien, herausgegeben von Rössler, Dietrich/ Roessler, Roman und Krusche, Peter und anderen. Kreuzverlag Freiburg im Breisgau. Jahrgänge 1983 - 2020.

[3] Meine großen Vorbilder für narrative Theologie und damit erzählende Predigten waren Walter Hollenweger und Gerd Theißen. Als Studenten hatten wir das Glück, dass unser Professor für Missionswissenschaften, Hans-Joachim Margull, uns an seiner persönlichen Freundschaft mit Walter Hollenweger teilhaben ließ, in dem er Hollenweger bei seinen jährlichen Besuchen in Hamburg zu Gastvorträgen an der theologischen Fakultät einlud. Bei einer solchen Gelegenheit habe ich mit Begeisterung Hollenwegers Konzept einer "Narrativen Exegese" aufgenommen. Nachzulesen ist es in Walter J. Hollenweger, Erfahrungen der Leibhaftigkeit. Interkulturelle Theologie 1, Christian Kaiser Verlag München 1979 ab Seite 33. Seine erzählenden Bibelarbeiten auf den Kirchentagen waren für mich ein MUSS (Konflikt in Korinth; Memoiren eines alten Mannes, 1978 / Erfahrungen in Ephesus 1979 / Besuch bei Lukas 1981 / Das Fest der Verlorenen 1984 / etc.) Zu meiner Einführung in die Pfarrstelle an der Auferstehungskirche in Oststeinbek im Juni 1988 hat mir mein Propst, Eberhard Hamann, Gerd Theißens Buch "Im Schatten des Galiläers" geschenkt. Nach dem ich in diese Welt eingetaucht war, entstand diese erzählende Predigt von der Berufung des Levi.

[4] Mit dieser Erzählung wollte ich - unter anderem - das Motiv des "Messiasgeheimnisses" in erzählender Form darbieten. Vgl. dazu u.a. Ulrich Luz, Das Geheimnismotiv und die markinische Christologie, Walter de Gruyter, 1965.

5 Dieser Bibeltext zeigt in kaum zu überbietender Deutlichkeit, dass Mission keine Einbahnstraße ist, keine Indoktrination, wie sie jahrzehntelang missverstanden (und leider auch praktiziert) worden ist. Mission ist ein dialogischer Prozess, bei dem beide Seiten verwandelt werden! Um dies zu verstehen, war für mich wegweisend die theologische Erklärung "Dialogue in Community" (Dialog in Gemeinschaft), welche auf der Weltmissionskonferenz des Ökumenischen Rates der Kirchen 1977 in Chiang Mai in Thailand verabschiedet wurde.

6 Im Evangelischen Gesangbuch (EG) findet sich unter der Nummer 672.5 der vierstimmige Kanon "Hosanna" von Jacques Berthier in der Tradition von Taizé.

7 Leider kann ich die Quelle nicht wiederfinden - und den Namen des Autors bzw. der Autorin habe ich auch nicht vermerkt.

8 Das Gemälde lässt sich im Internet finden auf der Website www.wga.hu. Damit kommt man zur WEB Gallery of Art. Über die Suchfunktion mit den Stichworten "Rembrandt van Rijn" und "Supper at Emmaus" erscheint das Gemälde von 1648, das sich im Musée de Louvre in Paris befindet.

9 Für die Bildbetrachtung habe ich mir von Jörg Zink "Wir werden alle auferstehen" a.a.O. ab Seite 13 angesehen. Auch wenn Jörg Zink hier eine andere Darstellung Rembrandts der Jünger von Emmaus interpretiert, habe ich einige seiner Gedanken hier übernommen.

10 Milan Kundera, Die unerträgliche Leichtigkeit des Seins. Fischer Taschenbuchverlag Frankfurt am Main 1987.

11 Die folgende Märchendeutung geht im Wesentlichen zurück auf "Der Froschkönig. Ich liebe dich, weil ich dich brauche." in Hans Jellouschek, Im Irrgarten der Liebe. Dreiecksbeziehungen und andere Paarkonflikte, Kreuz Verlag Zürich 1991 Seite 11 - 111.

^{12} *Bundesschlussgottesdienst:* Die Aktion Bundesschluss hat ihre Wurzeln im Aufruf der 6. Vollversammlung des Ökumenischen Rates der Kirchen (ÖRK) 1983 in Vancouver, sich in einem konziliaren Prozess zu einem Bund für Gerechtigkeit, Frieden und Bewahrung der Schöpfung zusammenzuschließen. Als Konkretion wurde die Aktion Bundesschluss Mitte der 1980er Jahre u.a. von Dr. Wolfram Kistner gegründet, der seinerzeit Direktor der Abteilung für Gerechtigkeit und Versöhnung beim Südafrikanischen Kirchenrat war. Die Grundidee war es, die vielen kirchlichen und kirchennahen Solidaritätsgruppen gegen das Apartheidregime in Südafrika durch konkrete Partnerschaften mit einzelnen Gemeinschaften in Verbindung zu bringen, die auf der Grundlage der Apartheidgesetze zwangsumgesiedelt worden waren und ihr Land verloren hatten. Zeitweilig bestand die Aktion Bundesschluss aus 44 Partnerschaften mit Gruppen aus Deutschland, den Niederlanden, den USA, Canada und der Schweiz. Die Kirche in Steinbek gehörte durch die Initiative von Eila Buhr, einer langjährigen Kirchenvorsteherin, zu den Gründungsmitgliedern und unterhält bis heute eine Partnerschaft mit Roosboom nahe Ladysmith in Kwa-Zulu-Natal. Einmal im Jahr wurde in beiden Gemeinden/Gemeinschaften der Partnerschaft am selben Sonntag zum selben Bibeltext ein Gottesdienst gehalten. Diesen nannten wir ***"Bundeschlussgottesdienst"***.

^{13} *Eine-Welt-Gottesdienst:* Das Nordelbische Missionszentrum hat regelmäßig dazu aufgerufen, in den Kirchengemeinden Anfang Februar einen "Missionssonntag" zu begehen mit einer Gemeindeveranstaltung zum Thema nach dem Gottesdienst mit einer seiner Referentinnen oder Referenten. Dem sind wir gerne gefolgt. Nach dem Aufruf zur regionalen Zusammenarbeit ist daraus eine lebendige Kooperation unserer Bundesschlussgruppe mit der Eine-Welt-Gruppe in der Nachbargemeinde Barsbüttel entstanden. Beide Gruppen haben gemeinsam ein Thema erarbeitet. Die eine

Gruppe hat eine Darbietung oder einen Sketch vorbereitet und die andere den liturgischen Rahmen und den Predigtteil für den Gottesdienst gestaltet. Ein Referent, eine Referentin gab dann nach dem Gottesdienst einen weiteren Input. Um unserem Missionsverständnis gerecht zu werden (siehe Anm. 5), luden wir zum *"Eine-Welt-Gottesdienst"* ein.

[14] Einmal im Jahr wurden Delegierte aus allen Bundesschlussgruppen zu einer "Bundesdelegiertentagung" über ein Wochenende eingeladen. 1989 war die Kirche in Steinbek Gastgeberin in ihrem Gemeindezentrum im HH-Mümmelmannsberg. Besonderer Gast bei diesen Tagungen war der Koordinator aus dem Johannesburger Büro des Südafrikanischen Kirchenrates (SACC), langjährig Pastor Pieter Moatshe, um von den Entwicklungen in Südafrika, der Arbeit des SACC und vor allem der Fieldworker in den zwangsumgesiedelten Gemeinschaften, unseren Partnern, zu berichten. 1989 stellte Piet Moatshe seinen Bericht unter die Überschrift "Mental Slavery". Das war das Jahresmotto der Arbeit des SACC. Mit dieser Metapher war die Entdeckung benannt, dass Unterdrückte psychisch konditioniert werden und einen Inferioritätskomplex erwerben, um mit dem Unterdrücker bzw. Ausbeuter zu kooperieren und sich ausbeuten zu lassen. Der erste Schritt der Befreiung ist daher nicht, den Unterdrücker loszuwerden, sondern die eigenen inneren Ketten abzulegen, die "Mental Slavery" zu überwinden. Umgekehrt hielt Piet Moatshe den Weißen in Südafrika vor, mit einem "Überlegenheitskomplex" konditioniert zu sein. Das gipfelte in der Schlussfolgerung: Wenn wir in Südafrika auf Augenhöhe zusammenleben wollen, dann müssen wir die Weißen befreien!!! Von ihrem Überlegenheitskomplex. Diese These hat mich elektrisiert und zu dieser Predigt am 23.4.1989 inspiriert.

[15] Ingrid Fraser war ein langjähriges engagiertes Mitglied der Bundesschlussgruppe in Oststeinbek.

[16] Angela van Beesten, Den Schatz bewahren. Plädoyer für die gentechnikfreie Landwirtschaft. Sambucus e.V. Vahlde 2005

[17] Antoine de Saint-Exupéry, Der kleine Prinz, Karl Rauch Verlag, Düsseldorf 1958, Seite 27ff.

[18] Siehe Austen Peter Brandt, Rassismus in Deutschland, a.a.O. Seite 316f.

[19] Fanie du Toit, Proud to be white, free to be Africans, Cape Argus, Kapstadt, Ausgabe vom 9. Juli 2001.

[20] vgl. Ursula Wachendorfer, Weiß-Sein in Deutschland, a.a.O. S. 87ff.

[21] Da ich keine Bildrechte an der Ikone erworben habe, kann ich sie hier nicht mit abdrucken und muss auf das Internet verweisen.
Hier sind zwei Links:
https://www.pro-medienmagazin.de/wp-content/uploads/2020/06/204603_204612_06.jpg.webp
oder: https://ikonen-museum.com/fileadmin/_processed_/6/8/csm_Muttergottes_von_Tichvin_Original_2a66f23b09.jpg

[22] Den Zugang zu dieser "Hodegetria" habe ich durch die Betrachtungen von Rowan Williams in "Ponder these things" a.a.O. Seite 3 - 18 bekommen.

[23] Die Verkündigung Mariä von Meister Bertram.
Auch für dieses Bild muss ich auf das Internet verweisen:
https://www.akg-images.de/Assets/V2/SJIcOUG8BWcMpRhjocRf8vXgkeFU MAghxXDlQm2om6IBn2@pzxuHEpwoojTSy3GDFyxQ5XQ o8Yk3b5d8g8Y2xVqV8pqFeVpCMoZbHaJY38ZRQOZNghXZ YgfsNPxO_KVC/xTCouDD@dYeQVweX/zbvflMf@EnIJHpz P/AKG127130.jpg

[24] Die Bildbetrachtung von Paul Portmann in "Die Geburt Christi" a.a.O. zu den Tafeln 4 und 5 haben mir geholfen, das Bild tiefer zu verstehen.

[25] Henri Nouwen, Bilder göttlichen Lebens, a.a.O. Seite 36

[26] Rudolf Otto Wiemer in Vorlesebuch Religion Band 1, a.a.O. Seite 325.